宋韵文化

第三辑

杭州市社会科学院 编

图书在版编目（CIP）数据

宋韵文化.第三辑 ／ 杭州市社会科学院编.—上海：
上海古籍出版社，2024.1

ISBN 978－7－5732－1004－3

Ⅰ.①宋…　Ⅱ.①杭…　Ⅲ.①中国历史－宋代－文集
Ⅳ.①K244.07－53

中国国家版本馆CIP数据核字（2024）第002465号

执行主编　李　辉

宋韵文化（第三辑）

杭州市社会科学院　编

上海古籍出版社出版发行

（上海市闵行区号景路159弄1–5号A座5F　邮政编码201101）

（1）网址：www.guji.com.cn

（2）E-mail：guji1@guji.com.cn

（3）易文网网址：www.ewen.co

上海颛辉印刷厂有限公司印刷

开本 700×1000　1/16　印张 12.25　插页2　字数230,000

2024年1月第1版　2024年1月第1次印刷

ISBN 978－7－5732－1004－3

K·3534　定价：68.00元

如有质量问题,请与承印公司联系

目　　录

【书　评】

【人物访谈】

赵抃与杭州

王瑞来

（日本学习院大学东洋文化研究所）

内容提要：北宋名臣赵抃曾两度担任杭州知州，颇有善政。尽管赵抃知杭州的基本事迹，从苏轼撰写的神道碑到《宋史·赵抃传》都有述及，然过于简略，许多事实语焉不详。对于这些空白，驱使现存史籍稗乘以及年谱、方志，并依据赵抃诗文中的"夫子自道"，完全可以进行考证补述，展现赵抃与杭州深厚的不解之缘。本文即试图通过这样的操作，展现历来被忽略的士大夫政治在地方的具体样相。

关键词：北宋；赵抃；杭州；政绩；交游

拥有"铁面御史"美誉的北宋名臣赵抃，与杭州有着深厚的不解之缘。不仅生长在与杭州相邻的衢州，对杭州的山水有着天然的亲近，还曾两度担任杭州知州。关于赵抃与杭州，苏轼撰写的神道碑以及源处宋朝国史的《宋史·赵抃传》尽管都有简略的记载，但大量事实语焉不详，学界亦无专题研究。以下依据赵抃本人撰写的诗文，参稽现存相关资料，对赵抃两知杭州和晚年到访做了全力发覆。相信这种发覆作业可以让赵抃在杭州活动的事实得到一定程度的复原，填补迄今为止的研究空白，并且还可以观察到士大夫政治在地方的展开。

一、初知杭州："衣锦杭州白昼归"

熙宁三年（1070）四月，与王安石变法颇有冲突的赵抃，在他自己多次要求之下,被罢免作为执政成员的参知政事,按原官阶右谏议大夫,加上参知政事正常外放所加荣誉职名资政殿学士,出知杭州,从变法纷争的漩涡中解脱出来。①

俗称"上有天堂,下有苏杭"。历六朝至隋唐,杭州已成为江南名城,以致作为刺史的白居易离开之后,极为怀念,写下《寄题余杭郡楼兼呈裴使君》云:"官历二十政,宦游三十秋。江山与风月,最忆是杭州。"②"最忆是杭州"一句,白居易又写进《忆江南词》:"江南忆,最忆是杭州;山寺月中寻桂子,郡亭枕上看潮头。何日更重游!"③犹如身临其境的描摹,烘托着极尽的思念,让这首小词脍炙人口,也让杭州远近名扬。经五代入宋,杭州更为繁华。北宋柳永的《望海潮》一词对杭州的描绘更加远近驰名:"东南形胜,三吴都会,钱塘自古繁华。烟柳画桥,风帘翠幕,参差十万人家。云树绕堤沙。怒涛卷霜雪,天堑无涯。市列珠玑,户盈罗绮,竞豪奢。重湖叠巘清佳。有三秋桂子,十里荷花。羌管弄晴,菱歌泛夜,嬉嬉钓叟莲娃。千骑拥高牙,乘醉听箫鼓,吟赏烟霞。异日图将好景,归去凤池夸。"据说,金国的完颜亮就是读了这首词,而生出南侵之心。④

清人罗以智《赵清献公年谱》记载赵抃于当年八月到任杭州。⑤ 赵抃赴任,除了要求紧迫,一般都是跟宋代的其他多数官员一样,不紧不慢,顺路游览山水,前往任地的。走到杭州附近,赵抃写下《初赴杭州游风水洞》

---

① (宋)李焘:《续资治通鉴长编》卷二一〇熙宁三年四月载:"己卯,右谏议大夫、参知政事赵抃为资政殿学士、知杭州。"上海师范大学古籍整理研究所、华东师范大学古籍整理研究所点校本,中华书局,2004年,第5101页。

② (唐)白居易:《白氏长庆集》卷三六,顾学颉校点《白居易集》本,中华书局,1979年,第833页。

③ (唐)白居易:《白氏长庆集》卷三四,第775页。

④ (宋)罗大经《鹤林玉露》丙编卷之一《十里荷花》云:"孙何帅钱塘,柳耆卿作《望海潮》词赠之云:'东南形胜,三吴都会,钱塘自古繁华。烟柳画桥,风帘翠幕,参差十万人家。云树绕堤沙。怒涛卷霜雪,天堑无涯。市列珠玑,户盈罗绮,竞豪奢。重湖叠巘清佳。有三秋桂子,十里荷花。羌管弄晴,菱歌泛夜,嬉嬉钓叟莲娃。千骑拥高牙,乘醉听箫鼓,吟赏烟霞。异日图将好景,归去凤池夸。'此词流播,金主亮闻歌,欣然有慕于'三秋桂子、十里荷花',遂起投鞭渡江之志。"王瑞来点校本,中华书局,1983年,第241页。

⑤ (清)罗以智《赵清献公年谱》载:"熙宁三年庚戌,六十三岁。"《宋人年谱丛刊》李文泽点校本,四川大学出版社,2003年,第1308页。

一诗：

> 风穴有声连水洞，听风观水暂闲身。
> 杭州未入从容甚，且与南山作主人。①

风水洞位于距离杭州市中心约十五公里的云泉山中，作为大型"水陆兼备"的溶洞，东晋时就是"湖埠十景"之一。

白居易就任杭州刺史一年后，方得空半日游览风水洞，赋诗云：

> 云水埋藏恩德洞，簪裾束缚使君身。
> 暂来不宿归州去，应被山呼作俗人。②

北宋著名的隐士林逋也写有题为《风水洞》之诗：

> 平昔常闻风水洞，重山复水去无穷。
> 因缘偶入云泉路，林下先闻接客钟。③

跟林逋有过交往的范仲淹，在担任杭州知州时也曾到访，赋有《风水洞》诗：

> 神仙一去几千年，自遣秦人不得还。

---

① （宋）赵抃：《清献集》卷五，《景印文渊阁四库全书》本，台湾商务印书馆，1986 年，第 1094 册，第 806 页。
② （唐）白居易：《白氏长庆集》卷二〇《予以长庆二年冬十月到杭州，明年秋九月，始与范阳卢贾、汝南周元范、兰陵萧悦、清河崔求、东莱刘方舆同游恩德寺之泉洞。竹石籍甚久矣，及至目击，果惬心期。因自嗟云：到郡周岁，方来入寺，半日复去。俯视朱绶，仰睇白云，有愧于心，遂留绝句》，第 448 页。
③ （宋）潜说友：《咸淳临安志》卷二九，《宋元方志丛刊》影印本，中华书局，1990 年，第 3631 页。

春尽桃花无处觅,空馀流水到人间。①

在赵抃之后,又有同时的苏轼,南宋的朱熹也曾到访赋诗。同时而稍早的林逋、范仲淹的诗,赵抃未必知道,但唐代大诗人白居易的诗,赵抃一定耳熟能详。赵抃很熟悉白居易在杭州的事迹,在他第二次知杭州时,曾写下"乐天曾不厌杭州"的诗句。② 其实,我们比较赵抃与白居易咏《风水洞》的诗,发现韵脚用字完全相同。很显然,赵抃是在游览之际,想起了白居易的诗,而写下唱和之作。

或许,赵抃赴任之际顺路游览风水洞,也是由于读了白居易这首诗之后才形成的计划。白居易是担任刺史一年后才抽空游览的,赵抃则是吸取了白居易的教训,在赴任之前便了却心愿。因为赴任前的赵抃,"杭州未入从容甚",还是"听风观水暂闲身"。尽管赵抃在知杭州之前,已经有了不少担任知州的经历,但他清楚,杭州这个繁华的大州,公务一定不会清闲,所以他要趁着未到任接手公务之前游览。

的确,上任之后,赵抃就直接感受到了杭州公务的繁忙。在离任后,赵抃曾写诗回忆道:"河塘繁剧是杭州。"③关于赵抃治理杭州。苏轼在神道碑中略有提及。说赵抃因为大家都知道他宽厚,因此,杭州的无赖子弟听说是赵抃上任后,就有些肆无忌惮,一起聚在一起做一些坏事。赵抃也看出了这些人意图,便严厉惩治了犯罪严重的人,把他们刺配流放到其他地方去了。其他无赖子弟看到赵抃如此严厉惩治,便都逃得远远的了。④ 宋代杭州的地方志在记载这件事之前,说赵抃"为政视其俗之厚薄,与事多寡,设施为术不同"。就说是,赵抃行政治理是针对各地的具体情况,对症下药,因地制宜。

苏轼在神道碑中对无赖子弟的恶行没有具体展开,但我们从文献中对南宋

---

① (宋)施谔:《淳祐临安志》卷九,《宋元方志丛刊》影印本,中华书局,1990 年,第 3310 页。

② (宋)赵抃:《清献集》卷四《武林即事寄前人二首》之二,第 785 页。

③ (宋)赵抃:《清献集》卷四《次韵即事见怀》,第 786 页。

④ (宋)苏轼《赵清献公神道碑》载:"公素号宽厚,杭之无赖子弟以此逆公,皆骈聚为恶。公知其意,择重犯者率黥配他州,恶党相帅遁去。"

杭州无赖子弟恶行的记载也略可想见一二。元宵佳节,游人如织,比肩接踵。于是,无聊的无赖恶少,便乘机进行恶作剧,拿一方刻有"我惜你,你有我"的印章,在闹市中偷偷印到妇女衣服上。白衣服印黑字,黑衣服印黄字,以羞辱妇女来寻开心。在毫无知觉的情况下,被无关的人无端在衣服上印上这样的话语,放在今天,也让人觉得恶心和犯忌讳。而在当时,被害者不仅在精神上会感到受辱,如果遇到不辨青红皂白的夫君或者父母,还会真假难分,百口莫辩,生出许多意外事端。事情报告到以严治闻名的临安知府赵子潇那里,他雇佣几个妇女扮成村妇,在无赖子弟犯罪时,一举擒获。一调查,为首的竟是号称"拦街虎"皇族子弟。愤怒的赵子潇,让衙役一顿乱棍把这个无赖子弟打死了。① 想来赵抃遇到的无赖子弟也是类似。经过赵抃的治理,地方志记载说"盗遂散去,境内以清"。② 地方志称为"细民",不如神道碑称作"无赖子弟"具体。

与赵抃同时而稍后成为宰相的苏颂也讲起过赵抃治杭,被他的孙子记录下来。说赵抃因为平生因为倾心佛学,所以处处在行政治理上也是以宽大慈悲为怀。被任命为知杭州的时候,杭州人认为赵抃是来自邻州的宽厚长者,特别高兴,走出上百里来欢迎。到任之后,为政却非常严厉,无论是官吏还是百姓,犯错都不轻易宽恕。这让杭州人很失望,不知赵抃到底是什么意图。有人说,这就像是王肃"三返"。③ 据记载,三国时的王肃在行为上的

---

① （明）田汝成《西湖游览志余》卷二五《委巷丛谈》载:"高宗时,赵待制子潇尹临安府,方留意,元宵张灯甚盛,游人繁伙。有亡赖子造五色印,于人丛中印妇人衣。印文云:'我惜你,你有我。'白衣用黑印,青衣用黄印。闹市中殊不觉也。次日视之,方骇。虽贵官良眷,无不含羞点污。事闻于赵。赵素以弹压自负。即命总辖捕索之,督责甚酷。捕者乞勿张皇,更宽一夕,可以计获。赵许之,即于牙侩处假数婢,饰为村妇出游,自后视之。至喧闹处,亡赖果如前所为,俱就执缚。其为首者,乃睦亲宅宗子也,素号'拦街虎'。府尹以叔父行。戒云,俟坐衙,即押来,不得言是宗子。遂命左右以巨棰笞之,虽叫呼,竟若不闻,须臾榜死。赵即自劾,得旨放免。时人服其刚决云。"刘雄、尹晓宁点校本,上海古籍出版社,2018 年。

② （宋）周淙《乾道临安志》卷三载:"为政视其俗之厚薄与事多寡,设施以术不同。杭州故多盗,闻抃性宽,细民益聚为盗。抃取其情重者,配他州。盗遂散去,境内以清。"《宋元方志丛刊》影印本,第 3245 页。

③ （宋）苏象先《丞相魏公谭训》卷五《前言·政事》载:"赵清献平生留意释氏,常参圆照,所至以宽慈为治。晚岁自乡里宫祠起知杭州,杭人以其邻邦大老,又素长者,颇喜其来,父老出数百里迓之。既至,治以严肃,不可忤犯。鞭扑无所容贷,官吏不少假借。杭人大失望,不知公意如何? 或曰:'亦如王肃三返。'"储玲玲整理本,大象出版社,2019 年,第 211 页。

表现互相矛盾。① 这个记载,跟苏轼在神道碑中记述的赵抃第一次知杭州很相似,但苏颂说是"晚岁自乡里宫祠起知杭州"。赵抃没有担任过宫祠官,这一说法有误。从百姓对赵抃不了解的记载看,应当是初知杭州的时候。

地方志还记载赵抃"所至必兴学校,劝奖后进"。这句话虽说像是泛泛而言,但在赵抃知杭州任上,也能找到支撑的证据。证据来自赵抃的诗。赵抃在《杭州鹿鸣宴示诸秀才》写道:

> 秋闱贤诏出严宸,郡国详延在得人。
> 豹变文章重君子,鹿鸣歌咏集佳宾。
> 初闻素履称乡闬,终起英名动缙绅。
> 预想帝庭俱唱第,宠光荣宴杏园春。②

此为赵抃兴学校、奖后进之证。

赵抃很感激朝廷把他外放到杭州,尽管他说"奉职无状,出知杭州",③但外放的是距离家乡并不很远的繁华都市杭州,让赵抃还是有一种衣锦还乡的感觉。他在《述怀》诗中写道:

> 三十年前一布衣,烂柯山下骥鸣飞。
> 梦刀蜀国青天上,衣锦杭州白昼归。
> 曾预机衡蒙帝眷,自同葵藿向晨晖。
> 东斋事少愚知幸,终日平岚面翠微。④

---

① （晋）陈寿:《三国志》卷一三《魏书》一三《钟繇华歆王朗传》裴松之注云:"刘寔以为肃方于事上而好下佞己,此一反也。性嗜荣贵而不求苟合,此二反也。吝惜财物而治身不秽,此三反也。"中华书局点校本,1982 年,第 423 页。

② （宋）赵抃:《清献集》卷四,第 791 页。

③ （宋）赵抃:《奉真道院碑铭》,载（清）纪磊、沈眉寿编:《震泽镇志》卷七,道光二十四年刻本。

④ （宋）赵抃:《清献集》卷四,第 777 页。

"三十年前一布衣",赵抃景祐元年(1034)登进士第,到熙宁三年(1070),已经三十六年,取其整数云"三十年"。根据这一表述,知此诗当作于赵抃初知杭州时。三十多年前的一个年轻人,走出家乡烂柯山,一鸣惊人,一飞升天,几乎登上了政坛顶峰。年过花甲,回到家乡附近的大都市任官,无疑等于衣锦还乡。《史记》记载项羽还乡的理由时说:"富贵不归故乡,如衣绣夜行,谁知之者!"①那么,大白天衣锦还乡,是谁都看得到的光鲜。光宗耀祖,振兴家业,也是赵抃走金榜题名科举之途的一个动力。

宽猛相济,杭州大治,也让赵抃从繁忙的公务中摆脱出来。"东斋事少",方能使赵抃可以一整天都在平岚亭面对青翠山水。除了欣赏湖光山色,赵抃也有余暇写诗撰文。

赵抃喜欢的杭州,这次只在任半年,在熙宁三年十二月,便被下令调任知青州了。改任青州的原因,《长编》记载得很清楚:"侍御史知杂事谢景温言:'知青州郑獬卧病,乞别选近臣代之。'诏知杭州、资政殿学士赵抃知青州,仍令京东转运司体量獬疾状以闻。"②

离开喜爱的杭州,赵抃恋恋不舍。在《别杭州》诗中写道:

> 政成五月愧前贤,又向东风解画船。
> 却羡乐天诗里道,皇恩曾许住三年。③

"政成五月"表明,赵抃实足在任杭州只有五个月。他很羡慕唐代的白居易,皇帝曾让他在杭州做了整整三年的刺史。到了青州,赵抃还写诗《青社有怀杭州》:

> 早暮涛声绕郡衙,湖山楼阁衬烟霞。
> 浑疑出处神仙地,不似寻常刺史家。

① (汉)司马迁:《史记》卷七《项羽本纪》,中华书局,1959 年,第 315 页。
② 《长编》卷二一八"熙宁三年十二月庚申"条,第 5293 页。
③ (宋)赵抃:《清献集》卷五,第 806 页。

> 假守半年无惠爱,退公连日不喧哗。
>
> 东州久发同归梦,却念重来未有涯。①

那萦绕郡衙的晨暮涛声,那烟霞迷蒙的湖山楼阁,只能出现在依稀梦里。犹如仙境的杭州,赵抃十分期待能够再度到来。以前,范仲淹到过杭州之后,便喜欢上了这一方土地,希望有一天能到这里任官,他在诗中写道:"长忆西湖胜鉴湖,春波千顷绿如铺。吾皇不让明皇美,可赐疏狂贺老无?"②心想事成,十年后,范仲淹真的做了杭州知州。③ 而赵抃比范仲淹更为幸运,没等十年,五年后,便又回到了杭州担任知州。在这首诗中,"假守半年无惠爱",也充分体现出赵抃的自谦与自省。

二、再知杭州:"老来重守凤凰城"

熙宁十年(1077)五月中旬,朝廷以神宗的名义下达命令,资政殿大学士赵抃知杭州。《长编》对此有明确的记载:"癸亥,知越州、资政殿大学士赵抃知杭州。"④年届古稀的赵抃,再度出知杭州。到任后的秋天,赵抃以两首七律描述了自己的心境。

其一:

> 乞得钱塘下九天,徙从青社复三川。
>
> 坤维十往万馀里,吴分重来七八年。
>
> 鉴水坐遥怀旧治,柯峰归晚愧前贤。
>
> 东州赖有微之约,曾寄诗筒递百篇。

---

① (宋)赵抃:《清献集》卷四,第779页。

② (宋)范仲淹:《范文正公集》卷三《忆杭州西湖》,王瑞来点校《儒藏》(精华编)《范仲淹集》本,北京大学出版社,2014年,第47页。

③ (宋)潜说友《咸淳临安志》卷四六载:"皇祐元年正月乙卯,知邓州、资政殿学士、给事中范仲淹知杭州。"第3764页。

④ 《长编》卷二六二"熙宁十年五月癸亥"条,第6906页。

其二：

> 七十随缘岂有由，乐天曾不厌杭州。
> 青山未隐如千里，白首重来又九秋。
> 月窟仙人遗桂子，海门神物助潮头。
> 自惭老守无心力，坐镇吾民静即休。①

在诗中，赵抃讲述了自己复杂的心境。在知越州的时候，便遥望怀念杭州。七十岁了，还没有退休回到家乡，想想急流勇退的前贤，深感有愧。不过，赵抃的笔锋随思绪而转，说还是随缘吧，这是命运的安排，白居易不是也没有对杭州生厌吗？显然，三秋桂子和钱塘大潮对赵抃还是充满了吸引的魅力。

赵抃在《题杭州普应院偃松》中写道：

> 老松低偃四时荣，太守重来眼为青。
> 密叶动摇翔凤势，深根盘屈卧龙形。
> 每容狂客春携酒，长庇闲僧昼看经。
> 一百年来霜雪操，肯随群木漫彫零。②

魏晋南北朝时竹林七贤之一的阮籍，对他尊敬的人抱以青眼，对讨厌的人抱以白眼。青白眼成为典故之后，为文人所多用。杜甫就写过"仲宣楼头春色深，青眼高歌望吾子"的诗句。③ 赵抃在这里用拟人化的写法，说连拥有凤势龙形的寺院古松都欢迎他的再次莅临。以物拟人，表达的还是作者的感受。

---

① （宋）赵抃：《清献集》卷四《武林即事寄前人二首》，第785页。按，清人陈焯编《宋元诗会》（文渊阁《四库全书》本）卷一九收录此诗径题作《武林即事寄程给事》。

② （宋）赵抃：《清献集》卷四，第785页。

③ （清）仇兆鳌：《杜诗详注》卷二一《短歌行赠王郎司直》，中华书局，1979年，第1886页。

除了救灾繁忙,灾荒过后,赵抃在越州感到了闲适。而作为东南大州杭州,则与越州完全不同。赵抃在诗中写道:

> 鉴水宽闲称越国,河塘繁剧是杭州。
> 蓬山君继元丞相,竹马予惭郭细侯。
> 郡邑丰穰真可喜,人家饱煖更何忧。
> 西陵隔岸无多远,数上临江百尺楼。①

不过,尽管公务繁剧,丰收年景,百姓饱暖,则让赵抃减少了忧虑。

赵抃到任不久,朝廷打算修筑杭州城墙,预计用工要达到几千万。杭州刚刚经历了与越州同样的灾害,并且由于没有得到像赵抃在越州那样的救灾,百姓受害比越州还严重。针对这种状况,赵抃对修城计划提出反对意见。苏轼在赵抃神道碑中写道:"杭旱与越等,其民尤病。既而朝廷议欲筑其城。公曰:'民未可劳也。'罢之。"宋人周淙《乾道临安志》对此事的记载,则与神道碑所记略成互补:"朝旨欲修杭州城。抃度出于人者数千万,独奏:杭人新罹旱灾,未可兴工。乃罢役。"就是说,赵抃认为,杭州百姓刚刚遭受旱灾,不宜劳民大兴土木。

凡事因地制宜,具体情况具体施策。赵抃在越州救灾,以工代赈,大兴土木,通过有偿劳动让百姓获得收入,解决吃饭问题。② 这是一个从范仲淹到赵抃都实施过的行之有效的经验。但这一方式不能僵化实行,也要因时因地施行才会产生好的效果。在灾害之时,百姓艰食的状况下可以实施,但在灾害过后的恢复时期,复兴主业生产是百姓的首要之事,这时候就不能征发百姓做一些并非急务的劳役。如果强行征发,反倒会对恢复正常生产造成影响,甚至会成为天灾之后的人祸。所以,赵抃要反对这样做。朝廷听取

---

① (宋)赵抃:《清献集》卷四《次韵即事见怀》,第 786 页。

② 赵抃越州救灾事迹,详见(宋)曾巩:《曾巩集》卷一九《越州赵公救灾记》,陈杏珍、晁继周点校本,中华书局,1984 年,第 316—318 页。

了赵抃的正确意见,取消了这项修城动议。①

到任后的第一个正月十五,赵抃与百姓一同观灯,写下两首七律。

其一:

　　元夕观灯把酒杯,宾朋不倦醉中陪。

　　一轮丹桂当天满,千顷红莲匝地开。

　　烟火楼台高复下,笙歌巷陌去还来。

　　因民共作连宵乐,直待东方明始回。

其二:

　　初逢稔岁改初元,元夜从游驾两轓。

　　寺曲水灯多巧怪,河塘歌吹竞喧繁。

　　安排百戏无虚巷,开辟重关不锁门。

　　愿以民心祝尧寿,从星高拱北辰尊。②

烟火楼台,笙歌巷陌,歌吹喧繁,百戏满巷,在丰收的喜悦之中,赵抃也跟百姓一起通宵欢乐。

在知杭州期间,赵抃还有过一次阅兵的体验,被他记录在诗中:

　　吴天霜晓弄寒晖,金鼓喧阗大阅时。

　　帐下万兵听号令,军中诸将肃威仪。

　　采侯命中连三箭,花阵分排卓五旗。

　　愧乏韬钤当重寄,儒林初是学书诗。③

---

① (宋)周淙:《乾道临安志》卷三,《宋元方志丛刊》影印本,第 3246 页。

② (宋)赵抃:《清献集》卷四《杭州上元观灯二首》,第 786 页。

③ (宋)赵抃:《清献集》卷四《武林阅兵》,第 792 页。

作为知州,目睹上万人的盛大阅兵式,耳闻金鼓齐鸣,观看训练表演,自幼学习儒学诗书的赵抃,生出几分缺乏军事韬略却担任军政首脑的惭愧。

当年在朝廷,同时有两个赵姓参知政事。赵槩年长,被称为大赵参政,赵抃被称为小赵参政。① 年过八十的赵槩在赵抃知杭州期间来访,加上太常少卿吴评和曾担任谏官的吴天常四人同游西湖,赵抃写诗纪实云:

> 丝管喧喧拥画船,澄澜上下照红莲。
> 一樽各尽十分酒,四老共成三百年。
> 北阙音书休忆念,西湖风物且留连。
> 杭民夹道焚香看,白发朱颜长寿仙。②

白发朱颜,飘然若仙,引得杭州市民争相观看。赵抃后来回忆,也称为"四老会"。后来有人将四老会媲美杜衍等人的睢阳五老会和富弼、司马光等人的洛阳耆英会。③ "四老共成三百年",很显然是受到了杜衍"五人四百有余岁"诗句的影响。④

赵抃还为杭州留下了《杭州八咏》。

其一《有美堂》:

> 城在东南诚第一,江湖只向坐中窥。
> 斯堂占胜名天下,况有仁皇御制诗。

其二《中和堂》:

---

① (宋)苏辙《栾城集》卷一一《毛国镇生日二绝》诗注云:"世谓叔平大赵参政、阅道小赵参政。"陈宏天、高秀芳点校《苏辙集》本,中华书局,1990年,第211页。

② (宋)赵抃:《清献集》卷四《陪前人游西湖兼简坐客》,第789页。

③ (清)查慎行《得树楼杂钞》卷三云:"元丰初,清献守杭,赵叔平少师自南都来访,留之过夏,同游湖上而作。时少师年八十余,清献年逾七十。此外二人,皆见本集,一为吴天常,一为吴评少卿,故云'四老'。此事不减睢阳、洛社,而杭人罕有知者。田汝成《西湖志》亦不载。"范道济点校本,中华书局,2017年,第64页。

④ (宋)王辟之:《渑水燕谈录》卷五,吕友仁点校本,中华书局,1981年,第48页。

老来重守凤凰城,千里人心岂易平。
乐职古贤形颂叹,中和诗不为虚名。

其三《清暑堂》:

江上潮音晓暮闻,天饶风月地无尘。
自怜清暑堂中景,容得衰翁未退身。

其四《虚白堂》:

松萝潇洒似居山,宾退公馀半是闲。
谁谓乐天虚白意,只传诗句落人间。

其五《巽亭》:

越山吴水似图屏,妙笔无缘画得成。
闲上东南亭上望,直疑身世似蓬瀛。

其六《望海楼》:

潮神千里若云雷,日月如期早暮来。
景觅东楼天下少,帘帏长对海门开。

其七《望湖楼》:

倚棹渔舠恣往还,澄波如鉴照群山。
绕湖三百浮图寺,只是凭楼一瞬间。

其八《介亭》:

> 介亭群石似飞来,深插云林两两排。
> 占得群峰最高地,翠姿何处有尘霾。①

摹景况物的同时,赵抃也间发感慨,流露心曲。英宗曾称赞赵抃治理成都是"中和"之政。② 赵抃借中和堂的堂名发挥,在"老来重守凤凰城",表示要效法"乐职古贤"。"千里人心岂易平",这样反问之后,赵抃思考的是如何让人心平稳与平和。在这方面,赵抃在再知杭州的当年,就有一项施政。

赵抃在杭州走访时发现,原吴越国王钱氏的陵墓、庙宇,以及其父祖嫔妃、子孙的坟墓在在杭州各处共有三十多所,都处于无人管理的荒芜状态。于是,赵抃于熙宁十年十月向朝廷上书,建议以龙山已废佛祠妙音院为道观,让钱氏后代叫钱自然的道士管理在钱塘的钱氏坟庙,另外以临安县净土寺的僧人道微管理当地的钱氏坟庙。赵抃在上书中提出的理由是,主动归附宋朝的吴越钱氏,当年朝廷很优待,现在也应当像以前那样。

表面名义上,赵抃是为过去吴越国王钱氏及其家族墓葬管理提出建议,但从上书中提及杭州人看到钱氏坟墓等荒芜状况有流泪的,可以看出尽管很多年过去了,还是不少人怀念钱氏。苏轼在神道碑中也说"坟庙堙圮,杭人哀之"。因此,赵抃所言,应当是事实。这从后来江浙地区以"五百年间出帝王"的"天目山谶"来附会南宋高宗为吴越王转世的传说也可略见一斑。③由此可知,赵抃的建议既有凝聚地方对王朝的向心力的意义,也有平和人心

---

① (宋)赵抃:《清献集》卷五,第 809—810 页。

② (宋)苏轼《赵清献公神道碑》载:"会荣諲除转运使,陛辞,上面谕曰:'赵某为成都,中和之政也。'"

③ (宋)岳珂《桯史》卷二《行都南北内》载:"行都之山,肇自天目,清淑扶舆之气,钟而为吴,储精毓祥,肇应宅纬。负山之址,有门曰朝天,南循其狭为太宫,又南为相府,斗拔起数峰,为万松八盘岭,下为钧天九重之居,右为复岭,设周庐之卫止焉。旧传谶记曰:'天目山垂两乳长,龙骞凤舞到钱塘。山明水秀无人会,五百年间出帝王。'钱氏有国,世臣事中朝,不欲其语之间,因更其末章三字曰'异姓王',以迁就之,谶实不然也。东坡作《表忠观碑》,特表出其事,而谶始章。建炎元二之灾,六龙南巡,四朝奠都,帝王之真,于是乎验。"吴企明点校本,中华书局,1981 年,第 13 页。

的意图。朝廷理解了赵抃的意图，以皇帝的名义将妙音院改赐名为表忠观。

为此，苏轼还专门写了一篇《表忠观碑》，这篇文章通篇一字不漏地完整抄录了赵抃的奏疏，只是在最后加上了四字为句的一段铭文。① 在苏轼的作品中，这一篇《表忠观碑》可以称之为奇文。因此，还引出一段佳话。据说，有人把苏轼的《表忠观碑》拿给已经退休的王安石看，王安石玩味再三，问在座的客人，古代有这样的写法吗？有人回答，古代没有，是篇奇文。也有人反驳说，只是抄录奏状，有什么可奇的。这时，王安石说道，你们有所不知，这是司马迁《三王世家》的体势。②

入秋游览杭州的圣寿寺，赵抃题诗：

---

① （宋）吕祖谦《宋文鉴》卷七七载苏轼《表忠观碑文》："熙宁十年，十月戊子，资政殿大学士、右谏议大夫、知杭州军州事臣抃言：'故吴越国王钱氏坟庙，及其父祖妃人子孙之坟，在钱塘者二十有六，在临安者十有一，皆芜废不治，父老过之，有流涕者。谨按，故武肃王镠，始以乡兵破走黄巢，名闻江淮；复以八都兵讨刘汉宏，并越州，以奉董昌，而自居于杭。及昌以越叛，则诛昌而并越，尽有浙东西之地，传其子文穆王元瓘；至其孙忠显王仁佐，遂破李景兵，取福州；而仁佐之弟忠懿王俶，又大出兵攻景，以迎周世宗之师，其后卒以国入觐。三世四王，与五代相终始。天下大乱，豪杰蜂起。方是时，以数州之地盗名字者，不可胜数，既覆其族，延及于无辜之民，罔有孑遗。而吴越地方一千里，带甲十万，铸山煮海，象犀珠玉之富，甲于天下，然终不失臣节，贡献相望于道，是以其民至于老死不识兵革，四时嬉游，歌鼓之声相闻，至于今不废，其有德于斯民甚厚。皇宋受命，四方僭乱，以次削平，而蜀、江南负其崄远，兵至城下，力屈势穷，然后束手。而河东刘氏，百战守死以抗王师，积骸为城，酾血为池，竭天下之力，仅乃克之。独吴越不待告命，封府库，籍郡县，请吏于朝，视去其国如去传舍，其有功于朝廷甚大。昔窦融以河西归汉，光武诏右扶风修理其父祖坟茔，祠以太牢。今钱氏功德，殆过于融，而未及百年，坟庙不治，行道伤嗟，甚非所以劝奖忠臣、慰答民心之义也。臣愿以龙山废佛祠曰妙因院为观，使钱氏之孙为道士曰自然者居之，凡坟庙之在钱塘者，以付自然；其在临安者，以付其县之净土寺僧曰道微，岁各度其徒一人，使世掌之。籍其地之所入，以时修其祠宇，封殖其草木。有不治者，县令承察之，甚者易其人。庶几永终不坠，以称朝廷待钱氏之意。臣抃昧死以闻。'制曰：'可！其妙因院改赐名曰表忠观。'铭曰：天目之山，苕水出焉，龙飞凤舞，萃于临安。笃生异人，绝类离群，奋挺大呼，从者如云。仰天誓江，月星晦蒙，强弩射潮，江海为东。杀宏诛昌，奄有吴越，金券玉册，虎符龙节。大城其居，包落山川，左江右湖，控引岛蛮。岁时归休，以燕父老，晔如神人，玉带球马。四十一年，寅畏小心，厥篚相望，大贝南金。五朝昏乱，罔堪托国，三王相承，以待有德。既获所归，弗谋弗咨，先王之志，我维行之。天胙忠孝，世有爵邑，允文允武，子孙千亿。帝谓守臣，治其祠坟，毋俾樵牧，愧其后昆。龙山之阳，岿焉新宫，匪私于钱，唯以劝忠。非忠无君，非孝无亲，凡百有位，视此刻文！"齐治平点校本，中华书局，1992年，第1106—1107页。按，隐含在苏轼文中的赵抃这篇奏疏，今本赵抃文集亦失载。

② （宋）董弅《闲燕常谈》载："王荆公在蒋山。一日，有传东坡所作《表忠观碑》至。介甫反覆读数过，且云：'古有此体否？'叶致远曰：'古无之，要是奇作。'蔡元庆曰：'直是录奏状耳，何名奇作？'介甫笑曰：'诸公未之知尔，此司马迁《三王世家》体。'"唐玲整理《全宋笔记》本，大象出版社，2019年，第290页。

> 宝界香园接翠微,此鸟空寂远尘机。
> 寒冰扣晓人无后,古剑藏秋谷有辉。
> 水石屏波迷客逐,松云洒落护禅扉。
> 我未笑彼名缰锁,斜日匆匆策马归。①

　　游览佛寺,清静内心,"我来笑被名缰锁"一句,则充分反映出赵抃在入世与出世之间的纠结。然而,能够认识到"被名缰锁",便会有试图解脱之心。福建建德也有圣寿寺,但在熙宁三年方赐名,因而赵抃此诗当是为杭州的圣寿寺而题。南宋的杭州圣寿寺还挂有赵抃的画像,周必大曾在绍兴三十二年前往拜谒过。②

　　熙宁十年,赵抃已届古稀之年,几十年的仕途奔波,让他已感倦意。在与程师孟的唱和诗中,赵抃这样写道:

> 龙蛰穷冬万否开,蛩吟清晓在蓬莱。
> 五更枕上惊残梦,一曲楼头动小梅。
> 入牖凉飔声咽绝,满庭斜日思徘徊。
> 新年合我七十一,柯岭不如归去来。③

　　即将七十一岁,赵抃想退休回到家乡柯岭。在这一年的岁末,赵抃又写诗云:

> 岁月如流不用嗟,盛衰前定岂曾差。
> 自怜览照头浑雪,犹喜观书目未花。
> 竺岭两曾逢落桂,龙山三见撷新茶。

----

① 按,此诗为赵抃集外佚诗,收录于明夏玉麟编纂《(嘉靖)建宁府志》卷一九。
② (宋)周必大《二老堂杂志》卷五《记西湖登览》载:"壬午三月己亥,晴,与芮国器、程泰之、蒋子礼出暗门,上凤篁岭,酌龙井,入寿圣寺,拜赵清献公、苏翰林、僧辨才画像。"王瑞来《周必大集校证》本,上海古籍出版社,2020年,第2792页。
③ (宋)赵抃:《清献集》卷四《次韵楼头闻鼓角》,第785—786页。

　　春元便欲休官去,谁顾杭州十万家?①

　　白发如雪,所幸眼尚未花。他说:本想到了春天就退休回乡,但转念一想,我退休走了,谁来照管杭州这十万户人家呢? 对杭州百姓的责任感,使赵抃还不忍离去。

　　年末,赵抃还写诗抒怀:

　　　　宦途衰老改辞勤,只计斯民不计身。
　　　　眷恋青山乖素约,迟留白首未归人。
　　　　举头旧治无三舍,屈指明朝又一春。
　　　　珍重东州年契厚,趁潮双鲤得书频。②

　　即使是上了年纪,依然在仕途宦游各地。"只计斯民不计身",可以说是赵抃真实的自我写照。正因为如此,他无法实现归休山林的夙愿,白发迟留在仕途。

　　在元丰元年元旦这天,赵抃赋诗:

　　　　驱驰光景急如轮,复见元丰岁始春。
　　　　七十一年欣入手,三千奏牍欲归身。
　　　　江涛有信人随老,烟草无涯色又新。
　　　　自是乞骸时节好,不应推托为思莼。③

　　在新年伊始,赵抃慨叹时光飞逝如车轮一般快。他说现在正是我应该请求退休的时候了,这样做并不是因为思念家乡的美食而要求归去。"思莼"又写作"思鲈莼",典故出自《世说新语》。讲的是在洛阳做官的张翰,在

---

①　(宋)赵抃:《清献集》卷四《次韵岁暮有感》,第786页。
②　(宋)赵抃:《清献集》卷四《岁暮偶成寄前人》,第786页。
③　(宋)赵抃:《清献集》卷四《戊午元日偶成》,第786页。

秋风萧瑟的季节,想起了吴中家乡菰菜羹、鲈鱼脍,说道:人生贵在顺从自己的意愿,何必要远在几千里以外做官来追求名利地位呢? 于是便辞官归去。① 后来便以"思莼"来比喻思乡归隐。同样出身吴中的赵抃,很恰当地运用这个典故,来表示想要退休还乡的愿望。

郡斋落成,赵抃写诗给程师孟:

> 退公真静独披襟,尚愧前贤探道深。
> 零落交游难屈指,崇高轩冕不关心。
> 未还印绶饶乡梦,犹倚湖山助老吟。
> 讼牒虚空人事简,钱塘安得似山阴。②

公务之余,一个人静静地坐在那里,惭愧自己不如前贤。已经去世的友人难以屈指计算,到今天究竟能获得多么高的地位,业已不再关心。因为还在任上,故乡只能在梦中萦绕,还是作为一个老人傍依在湖山吟咏。受纳的信箱没有诉状,人与事都很少,这一点杭州是难以跟越州相比的。赵抃如此描述,显然,他在杭州的公务相当繁忙。

老来思乡,赵抃在另一首诗中也写道:"太守老来难久恋,柯山朝暮欲归潜。"③在与致仕后的参知政事同僚赵槩一同游西湖时,赵抃的诗也流露出这样的期待:"此时朋契偕行乐,何日君恩许引年?"④致仕在名义上需要皇帝批准,所以说"君恩"。欧阳脩在晚年的诗中,也有类似的表达:"何日君恩悯衰朽,许从初服返耕桑。"⑤

赵抃屡屡请求致仕还乡,都得不到批准。他在《屡乞致政诏答未允述

---

① (南朝宋)刘义庆:《世说新语》卷中《识鉴》第七载:"张季鹰(张翰)辟齐王东掾,在洛,见秋风起,因思吴中菰菜羹、鲈鱼脍,曰:'人生贵得适意尔,何能羁宦数千里以要名爵?'遂命驾便归。"徐震堮校笺本,中华书局,1984 年,第 217 页。

② (宋)赵抃:《清献集》卷四《郡斋成寄前人》,第 792 页。

③ (宋)赵抃:《清献集》卷四《游元积之龙图江湖堂》,第 791 页。

④ (宋)赵抃:《清献集》卷四《陪前人游西湖兼简坐客再用前韵》,第 789 页。

⑤ (宋)欧阳脩:《居士集》卷一四《感事》,李逸安点校《欧阳脩全集》本,中华书局,2001 年,第 237 页。

怀》中写道：

> 自愧孤忠荷圣慈，恩荣恩向九天辞。
> 于今蒲柳衰残日，好是云烟放旷时。
> 玉阙累章烦赐诏，瀫江两桨蹉归期。
> 宵征自有高人笑，漏尽钟鸣晓未知。①

　　每次提出退休请求，皇帝都赐下诏书勉励，归乡江上的船桨把归期拖得很晚。诗中的表达，既有感恩皇帝的知遇，也有致仕不得的无奈。对于迟迟不批准致仕，赵抃有些焦躁。在给许遵的诗中，他这样写道：

> 头上有霜添白发，囊中无药驻朱颜。
> 堪惊积岁加衰老，未省何时得退闲。
> 渊净思临浮石渚，喧哗羞对武林山。
> 君恩早赐俞音下，即拥蒐裘故里还。②

　　在另一首诗中，赵抃也有对皇帝不允他退休的描述："白头未许还官政，紫诏频烦慰老臣。"③不过，赵抃相信，以他这样的年龄，在坚辞之下，皇帝一定会批准的。对此，赵抃写有这样的诗句："老守七章还印绶，俞音朝暮出宸衷。"④赵抃不断上章请辞，他在等待早晚会到来的批准命令。赵抃羡慕同年进士吴评得请致仕，写了这样一首诗：

> 春秋七十更逾期，同甲同年世所稀。
> 未遂乞骸嗟我老，已输先手羡公归。

---

① （宋）赵抃：《清献集》卷四，第 792 页。
② （宋）赵抃：《清献集》卷四《次韵许遵少卿见寄》，第 789 页。
③ （宋）赵抃：《清献集》卷四《次韵前人见寄二首》，第 789 页。
④ （宋）赵抃：《清献集》卷四《次韵前人怀西湖之游》，第 789 页。

良朋集有湖山乐,故里思无羽翼飞。

预想俞音还印日,鹭涛秋色上行衣。①

赵抃预想着他的致仕请求被批准的诏书的到来,那时便会充满才情在秋色中上路。在另一首诗中,赵抃还羡慕六十八岁的同乡毛维瞻获准致仕,而他七十一了还在任职:"两颊朱颜公退速,满头霜鬓我归迟。"②赵抃在这两句诗后自注:"公年方六十八,余年已七十一。"赵抃还这样写诗说:"得旨便归田陇去,乡人从笑老农如。"③意即只要得到批准我回乡,我就会像老农一样跟乡人快乐地生活。

期待已久的"预想俞音还印日"终于到来,元丰二年(1079)正月十九日,命令下达,资政殿大学士、右谏议大夫、知杭州赵抃为太子少保致仕。④从此,没有公务之累,赵抃晚年的悠悠岁月开启。

三、迟暮再访:"半纪重来两鬓华"

当年,在知杭州任上致仕,杭州人不愿意让赵抃离开,拦住不放行。赵抃安慰大家说,六年后我还会再来。这次再访,刚好六年,等于是在实现自己的许诺。杭州人像迎接父母一样,欢迎对于这位有恩的老知州。⑤

赵抃是在次子赵屼陪同下重访杭州的。为何此时的赵屼能有时间陪同赵抃出游?据《宋史·赵屼传》记载,赵屼在温州通判任满后,神宗重用赵屼,任命为监察御史。但赵屼则以父亲年纪大为由,请求外放到赵抃身边为官,于是便被改任为两浙东西路提举常平官,以便侍奉赵抃,因此得以陪同。

子陪父游,在当时也是一个不近不远的传统。在赵屼陪同赵抃出游的四十年前,日后成为名臣和著名史学家的司马光便陪同时知杭州的司马池

---

① (宋)赵抃:《清献集》卷四《喜吴评少卿致政》,第790页。

② (宋)赵抃:《清献集》卷四《次韵张侨庆毛维瞻得谢》,第793页。

③ (宋)赵抃:《清献集》卷四《武林言怀寄程给事》,第789页。

④ 《长编》卷二九六"元丰二年正月己丑"条,第7199页。

⑤ (宋)苏轼《赵清献公神道碑》载:"始,公自杭致仕,杭人留公不得行。公曰:'六年当复来。'至是适六岁矣。杭人德公,逆者如见父母。"

出游过杭州名胜南屏山。《咸淳临安志》中记载说："司马温公祠堂,相传兵部为守时,温公尝来省侍,司马兵部题名。"①这一记作"相传"之事,近年来由于题刻的发现而得以着实。题刻是这样写的:"康定元年岁次庚辰八月二十九日,被诏□知杭州□□南屏山□□胜□司马池□,男光侍行。"

在元丰二年二月,赵抃在接到获准致仕批文后,曾游杭州南山,在龙井佛祠住过。这次时隔六年后,在元丰七年(1084)六月初一再访龙井佛祠,方外老友辩才高僧登上龙泓亭,亲自烹贡茶小龙茶来欢迎赵抃的到来。赵抃口占一绝云:

> 湖山深处梵王家,半纪重来两鬓华。
> 珍重老师迎意厚,龙泓亭上点龙茶。

才思敏捷的辩才酬和道:

> 南极星临释子家,杳然十里祝青华。
> 公年自尔增仙籍,几度龙泓诗贡茶。②

与辩才的酬唱,不仅是赵抃与佛门交游的佳话,从中还折射出一定的思想倾向。一般认为,赵抃深入佛学,其实,当时无论是士大夫,还是僧道徒,构成他们的知识结构的,可以说儒释道是难分彼此。辩才作为佛门高僧,在诗中运用的"南极星"和"增仙籍",都是道家的术语。对赵抃,也当如是观。

再游杭州,赵抃到访的不仅是佛寺,还有道观。在六月访龙井佛祠之后,八月又冒着酷暑,来到了道教圣地洞霄宫。赵抃访问洞霄宫,是由于做过一个梦。在梦中出现一些巍峨的宫阙楼阁,又有一些道士相迎,就问这是

---

① （宋）潜说友:《咸淳临安志》卷七七《寺院》,第 4049 页。

② （宋）潜说友《咸淳临安志》卷七八载:"赵清献公诗并序:予元丰己未仲春甲寅以守杭得请归田,出游南山,宿龙井佛祠。今岁甲子六月朔旦复来,六年于兹矣。老僧辩才登龙泓亭烹小龙茶以迓,予因作四句云:湖山深处梵王家,半纪重来两鬓华。珍重老师迎意厚,龙泓亭上点龙茶。辩才次云:南极星临释子家,杳然十里祝青华。公年自尔增仙籍,几度龙泓诗贡茶。"（第 4069 页）

什么地方,回答说是洞霄宫。赵抃醒来之后想,两次知杭州,还没去过洞霄宫。于是这次再游杭州,赵抃决意圆了这个梦,所以有了这次造访。到了实地,赵抃觉得跟梦中所见居然没有两样,便认为自己与仙圣有缘,为此赵抃特地题诗留念:

> 龙穴藏身稳,泉源抚掌清。
>
> 红尘人久隔,白日世长生。
>
> 我分谙冲寂,谁能顾利名。
>
> 梦中休指笑,又作洞霄行。①

这首诗,赵抃的文集以及今人所编的《全宋诗》都没有收录,是首佚诗。连同上述轶事,都收录在宋元之际的邓牧所编的《洞霄图志》中。所述时间、史实与赵抃的行历正合,对其真实性可以认定。由此可见,儒士的赵抃同样也游走于释道之间。

盛夏出游,年迈的赵抃可能是有些中暑,身体感到不适,便赶紧由次子赵岏陪伴,回到了家乡衢州,没过多久就去世了。

除了家乡,赵抃的一生去过很多地方,最后到过的地方便是杭州。可以说,赵抃与他喜爱的这座城市结下了不解的生死之缘,几乎成了他的终焉之地。而两度担任知州时的善政,也让杭州人长久地怀念这位曾经的父母官。不过,伴随着时光的流逝,后世则对赵抃在杭州的事迹所知甚少。其实,铭记在杭州史册上的,除了白乐天、苏东坡,还有这位赵清献。在士大夫政治开始走向兴盛的时期,赵抃对宋韵的唱响,发挥了重要的作用。

---

① (宋)邓牧《洞霄图志》卷四《应梦游诗》载:"宋元丰己未,赵清献公抃再帅钱塘,抗章告老。岁甲子八月,忽来游山。谓道士沈日益曰:近梦入真境,宫阙巍峨,有数道士相迓。询之,曰此洞霄宫。既觉思之,二典是郡,未尝至此,故冒暑来。今观泉石楼观,与梦中所见无异,岂仙圣有缘邪?留诗曰:龙穴藏身稳,泉源抚掌清。红尘人久隔,白日世长生。我分谙冲寂,谁能顾利名。梦中休指笑,又作洞霄行。"(《知不足斋丛书》本)

宋徽宗的艺术帝国

余 辉

（故宫博物院）

内容提要：宋徽宗以"丰亨豫大"的意识形态建构了属于北宋皇家的审美观，与世俗的和文人的审美观形成鼎足之势。分析徽宗的一系列思想和行为，他倾心建立起来的艺术帝国，其具体步骤是贬斥画院老画家、创办艺术教育机构、建立考试制度、奖掖年轻画家、完成系列巨作、扩展各类收藏等。他在艺术和艺术管理上求新图变，以绘画为重心，协调发展书法、建筑、园林、音乐、工艺等诸多艺术，为此钦定了一系列矩度。本文首次以一定的物证材料揭开徽宗为建立宫廷绘画的设色观念所做的种种努力和他的写实特性，考证一大批为徽宗代笔的画学生和他们的最后命运。

关键词：宋徽宗；艺术帝国；画院

元符三年（1100）正月，是北宋神宗第十一子、十九岁的赵佶一生重大转折的时刻，他在两年前从大内迁入新建的端王府，本想在此营造一个属于他的艺术王国，继续他的文娱生活，然而突然降临的继位机遇，使他决定将这个艺术王国扩张成前所未有的艺术帝国。"艺术王国"是其主可以自由支配自己的创作活动，而"艺术帝国"则是其主以某种意志统一并支配他人的创作活动，变相剥夺了多数人的署名权，将他们的艺术成果占为己有。

赵佶的同父异母兄哲宗在二十五岁时驾崩，死时无子。在向太后的竭力护佑下，赵佶于当月登基，次年改年号为"建中靖国"，可知他在很短的时间里在政治上改变了自己。他踌躇满志,登基伊始就诏告天下征询治国良策,不久采取了一系列政治、经济措施,如罢免和提拔官员、郊祀祭天、调查财政、实行社会救济等。看来他很想当好这个皇帝,但限于军事积贫积弱的现实和党争的乱象,以及多地农民起义的局势,徽宗一直有心但难以建立一个强大的政治帝国,他只想通过几个代理者去实现他对内稍改国家现状、对外索回燕云十六州的政治抱负,中选者恰恰是蔡京、童贯等一批奸臣,他们竭尽蛊惑之力,使徽宗坦然地抽出半身去建立他的艺术帝国。

这个艺术帝国的中心就是翰林图画院(以下简称画院),画学是他的预备队伍,他的艺术管理模式具有许多现代要素,如制定考试制度、教育制度,并建立了一整套与艺术活动相关的规范性标准。为此,徽宗设定并如期完成了建立艺术帝国的五个步骤:1. 贬斥画院老画家;2. 开办美术教育;3. 改革入院制度和奖掖年轻画家;4. 建立皇家审美体系;5. 形成代笔制度并完成设色、大幅、多开的绘画作品。

一、艺术帝国的开局

徽宗少时深居大内后宫,有如蔡絛所言:"国朝诸王弟多嗜富贵,独祐陵(即徽宗)在藩时玩好不凡,所事者惟笔研、丹青、图史、射御而已。当绍圣、元符间,年始十六七,于是盛名圣誉布在人间,识者已疑其当璧矣。"[1]他通过宫里的诸多屏风画,了解画院内外的诸家之艺。自雍熙元年(984)太宗肇建画院起,历朝宫廷画家留下了许多精品,如神宗朝"熙宁(1068—1077)初,命(崔)白与艾宣、丁贶、葛守昌画垂拱殿御扆,《鹤》《竹》各一扇,而(崔)白为首出。后恩补图画院艺学。白自以性疏阔,度不能执事,固辞之。于时上命特免雷同差遣,非御前有旨毋召,出于异恩也"[2]。崔白的个性使他成为编外的御用画家。其弟崔悫亦善画花鸟,也不在画院,官左廷直。赵佶目睹了性情疏放的崔白兄弟打破了黄筌父子垄断了宫廷一百余年表现珍

---

① (宋)蔡絛:《铁围山丛谈》卷一,中华书局,1983 年,第 5—6 页。

② (宋)郭若虚:《图画见闻志》卷四,《画史丛书》第 1 册,上海人民美术出版社,1982 年,第60 页。

禽异兽的富贵画风,以十分自然淳朴的笔墨描绘了败荷野凫等动植物的野情野趣等,特别是将黄家父子笔下孤立的个体动物变成了互有关联的生命群体,如崔白的《寒雀图》卷(故宫博物院藏)和《双喜图》轴(台北故宫博物院藏)等就是最生动的画例。徽宗也得知哲宗朝废弃画院最高地位待诏直长郭熙山水画的事件。渐渐地,他对画院画家形成了一个初步的认识,在日后二十几年的行为里,他一一做了出来。

最初,体现在赵佶跟谁学画的问题上。赵佶稍长,宫里安排画师教授他学画,他选择师从崔白的弟子吴元瑜。从投师可以看出他对当时宫廷画家的态度。此时崔白已经过世,吴元瑜和崔白一样,都不是画院画家,他系武臣,曾在吴王府里担换右班殿直,官至武功大夫、合州团练使,人称"吴将军"。年轻的徽宗面临抉择花鸟画家的重要性不亚于他在政治上倚重哪家党派。

代表徽宗审美观的《宣和画谱》著录了崔白的 241 幅画,吴元瑜的 189 幅画,崔白弟崔慤也有 67 幅画,他们的作品占据了该谱所著录的 1506 幅花鸟画的 33%。徽宗借此否定了画院的花鸟画家:"自(崔)白及吴元瑜出,其格遂变","能变世俗之气所谓院体者,而素为院体之人,亦因元瑜革去故态,稍稍放笔墨以出胸臆。画手之盛,追踪前辈,盖元瑜之力也。故其画特出众工之上,自成一家,以此专门"①。他申斥画院里来自西蜀的花鸟画家"是虚得名",可见赵佶不师从画院画家的根本原因。

这个艺术帝国的开局,起自于否定当时宫内外多数职业画家。

徽宗上了大位之后,要给画院画家们几次大的难堪。他遇到第一个与绘画有关的事项就是为太庙画哲宗肖像,宫里画了四次,②都不能尽如人意,徽宗不便在治丧期间发作,不得不降低标准到有五六成像则可。

徽宗将他曾经的端王府改建为龙德宫,命画院待诏画宫中壁画,完工后,他对他们的画艺无一认可,"独顾壶中殿前柱廊拱眼斜枝月季花,问画者为谁,实少年新进"。徽宗大喜,赐绯,众臣皆不得其由,叩问徽宗,徽宗答

---

① 《宣和画谱》卷一九,《画史丛书》第 2 册,第 237 页。
② [美]伊沛霞:《宋徽宗》,广西师范大学出版社,2018 年,第 69 页。

道:"月季鲜有能画者,盖四时朝暮,花蕊叶皆不同,此作春时日中者,无毫发差,故厚赏之。"①"拱眼"的位置靠近建筑的屋檐下,一个孩子是很难爬上去的,一定是有人事先安排的。

面对画家绘制的壁画,徽宗常常发难,据邓椿《画继》载:"其后宝篆宫成,绘事皆出画院。上时时临幸,少不如意,即加漫垩,别令命思。虽训督如此,而众使以人品之限,所作多泥绳墨,未脱卑凡,殊乖圣王教育之意也。"②

直到宣和年间(1119—1125),宫廷画家还是跟不上徽宗的要求。徽宗命画院画家们以"孔雀升高"为题作画,众工皆画成孔雀举右足。徽宗见状曰:"未也。"众人数日后仍不得要领,徽宗则降旨曰:"孔雀升高,必先举左。"③

徽宗是略施小计,画院老画家们几次试场,都服了。笔者请教了多个动植物学家,并长期现场观察,徽宗的所谓月季"四时朝暮,花蕊叶皆不同"之说,有些过分,月季的花瓣会在正午发生微妙的变化,但花蕊和枝叶在朝暮之间没有明显的变化;"孔雀升高,必先举左"也是伪命题。他用此法迫使画院待诏们自惭形秽。

徽宗早就把希望的目光投向社会闾间。他在即位之初建五岳观,不让画院画家画观内道教壁画,而是大招天下画界名手,"应诏者数百人,咸使图之,多不称旨意"④。

徽宗对当时宫廷内外的画坛均不满意,遂拿出了标本兼治之法,开办皇家美术学校——画学。

二、开办画学等

为了专事培养徽宗所期待的绘画人才,提高未来画院画家的综合素养,崇宁三年(1104),他创建了专门培养年轻画家的画学,"自此之后,益兴画学,教育众工"⑤。在当时,与画学相对应的学校还有书学、算学、医学等,还

---

① (宋)邓椿:《画继》卷一〇,第75页。
② (宋)邓椿:《画继》卷一,第3—4页。
③ (宋)邓椿:《画继》卷一〇,第75页。
④ (宋)邓椿:《画继》卷一,第3页。
⑤ (宋)邓椿:《画继》卷一,第3页。

扩大了太学国子监的办学规模,史称"崇宁兴学"。

（一）画学管理

画学、书学的学生称"生徒",画学和书学的生徒初期在一起上课,校址位于蔡河龙津桥南路东的国子监,由"国子监擗截屋宇充"①,离太学、贡院和城南闹市不远。②

徽宗钦定了画学的管理制度。他为了提高书画生徒的品位,"复立博士,考其艺能"③。博士为正八品,是御赐给行业里的首席者,强化其督导作用。以进士出身的司封员外郎宋迪之侄宋子房为博士之选,之后米芾(1051—1107)被召为书画学博士,身跨书学、画学两校,大观元年(1107)二月十七日,徽宗诏设画学的管理者为"学谕、学正、学录、学直各置一名"④。画学最初隶属于国子监,大观四年(1110)划归翰林图画局管理,继续招收生徒,将绘画教育与未来的供职紧密地联系起来。画学虽有过几次短暂停办,但没有影响生存。

（二）画学课程

画学的课程分专业课和文化课两大类。生徒所学的"画学之业,曰佛道,曰人物,曰山水,曰鸟兽,曰花竹,曰屋木"。徽宗十分重视提高学子们的综合文化素养,其中包括篆字书写和艺术语言的表述能力:有"《说文》《尔雅》《方言》《释名》教授,《说文》则令书篆字、著音训,余书皆设问答,以所解艺观其能通画意与否。"画学在生徒中分出"士流"⑤和"杂流"⑥两类,分开居住,有共同课,也有各自不同的课程,杂流的课程要浅显一些,"士流兼习

---

①　(宋)杨仲良:《宋通鉴长编纪事本末》卷一三五《崇儒三之一》,第1268页。中国基本古籍库电子版。以下脚注版本后标＊者均出自该电子版。

②　(宋)孟元老《东京梦华录》卷二《朱雀门外街》,山东友谊出版社,2001年。

③　(宋)邓椿:《画继》卷一,第3页。

④　(清)徐松辑:《宋会要辑稿·崇儒三》,第2783页。稿本＊。

⑤　指通过科举中第的文人子弟。

⑥　特指非科举中第者,如由军班、进纳、上书献策、守御、捕盗、奉使等途径补受官职者,还有吏人、匠人、术人和医人等,统称"杂流"。

一大经或一小经,杂流则诵小经或读律"①。小经是士流和杂流的共同课,即《易》《尚书》《春秋公羊传》《穀梁传》,还会有《庄子》《列子》等,小经在学官口授时,随即成诵。士流课程见下表:

画学士流课程表

文化课总科目	大 经	小 经	古文字学	音韵和博物学
文化课子科目	《诗》《礼记》《周礼》《春秋左氏传》《黄帝内经》《道德经》	《庄子》《列子》《论语》《孟子》《孝经》	《说文》《尔雅》、习篆字	《方言》《释名》
绘画课	佛道、人物、山水、鸟兽、花竹、屋木			

画学教育的特性是强调基础学养,在画艺广博的基础上注重培养专擅画科的才华,提高驾驭画大画、长卷的能力,讲求诗意,鼓励创意,以适应徽宗今后的需要。

(三) 画学学制

据《续资治通鉴》载,崇宁三年(1104),徽宗"置书、画、算学,其生皆占经以试,其取士法略如太学上舍三等推恩"②。画学、书学也与太学的元丰新法一样分为"三舍",即外舍、内舍和上舍。宣和三年(1121),诏太学罢此法,画学也受到一定影响。

据《宋会要辑稿》载,入书学和画学,须有官员作保,呈报籍贯、年龄、三代从业等;三年学习期满后,参加三舍考试,根据生徒的成绩依次分为上舍、内舍和外舍,③按等次发落。④ 画学生徒必定和太学生一样,享受朝廷给予

---

① 据《新唐书·选举志上》载:"凡《礼记》《春秋左氏传》为大经,《诗》《周礼》《仪礼》为中经,《易》《尚书》《春秋公羊传》《穀梁传》为小经。"(宋)吴曾《能改斋漫录·记事二》载:"政和八年御笔:'……自今学道之士,所习经以《黄帝内经》《道德经》为大经。《庄子》《列子》为小经,外兼通儒书,俾合为一道。大经,《周易》;小经,《孟子》。'"

② (清)毕沅:《续资治通鉴》卷八九,第1330—1331页。清嘉庆六年递刻本 *。

③ (清)徐松辑:《宋会要辑稿·崇儒三》,第2783页。

④ 有关画学考试方面的研究见李方红《宋代画学考》,刊于《故宫博物院院刊》2019年第11期。

的膳食住宿和文具等。完成就读太学期间的各种考试需要三年,可推知太学学制大概为三年,①画学学制应与此相近。因画学只有一"擗截屋宇",估测在初期只能结业一批后才再招一批,由此推算,画学在并到翰林图画局的1110年之前,分别在1104和1107年招生两次,每次"以三十人为额"②。宣和六年(1124),书艺所招收生徒的名额扩大到500人,③画学一直与书学同进退,此时的画学生徒名额也会有一个相当大的扩张。

(四) 关于书学

早在隋朝,宫廷里就建有书学,宋初废止,故画学体制大多参照书学。崇宁三年(1104),都省奏请徽宗复建书学,并建议"所有图画之技,朝廷所以图绘神像,与书一体,今附书学为之校试约束。谨成《书画学敕令格式》一部,冠以崇宁国子监为名,并乞赐施行"④。徽宗朱批"从之",书学始建于斯年,初期招三十生徒为满,宋乔年和米芾先后执掌书学之事。"书学生,习篆、隶、草三体,明《说文》《字说》《尔雅》《博雅》《方言》,兼通《论语》《孟子》义,愿占大经者听。篆以古文、大小二篆为法,隶以二王、欧、虞、颜、柳真行为法,草以章草、张芝九体为法。考书之等,以方圆肥瘦适中,锋藏画劲,气清韵古,老而不俗为上;方而有圆笔,圆而有方意,瘦而不枯,肥而不浊,各得一体者为中;方而不能圆,肥而不能瘦,模仿古人笔画不得其意,而均齐可观为下。其三舍补试升降略同算学法,惟推恩降一等。自初置及并罢年数,悉同算学。"⑤可见书学的知识结构是将文字学与儒学作为基础。对书学生徒的培养起点较高,具有综合修养的伦理道德之士,绝不是庸碌的抄书匠。

---

①　太学生须完成太学的考试,其中包括每年一次的公试、两年一次的会试和相当于毕业考试的上舍试,差不多需要三年的时间才能全部完成,故太学学制大概为三年。

②　(清)徐松辑:《宋会要辑稿·崇儒三》,第2796页。

③　(宋)陈均:《宋九朝编年备要》卷二九,第541页:"宣和六年……置措置书艺所(生徒以五百人为额)。"宋绍定刻本＊。

④　(宋)董更:《书录》上篇,第4页。清知不足斋丛书本＊。

⑤　《宋史》卷一五七《选举三·书学》,中华书局,1977年,第3688页。

大观四年(1110),宋徽宗将书学并入翰林书艺局,取消了教官。十四年后,徽宗见唐人书写的诰命优于当朝,遂复设书学。

三、建立考试制度并奖掖年轻画家

在徽宗朝之前,宫廷画家的来源主要是靠官员或宫廷画家的推荐,也有过一些考试,均须得到皇帝的恩准。画院祗候高文进向太宗推荐王道真入院,亦为祗候;贵戚孙四皓将街头画家高益推荐给太宗为画院待诏,高益又推荐另一个街头画家燕文贵补入画院,①等等。自徽宗朝起,为了提高新一代画家的水平,实行改革,所有要入院的画家都必须经过考试。

徽宗强化了考试制度,以此作为选拔人才、奖励人才的依据,要求"考画之等,以不仿前人而物之情态形色俱若自然,笔韵高简为工"②。其等级为:"笔意简全,不模仿古人而尽物之情态形色,俱若自然,意高韵古为上;模仿前人而能出古意,形色象其物宜,而设色细、运思巧为中;传模图绘,不失其真为下。"③徽宗针对画学生徒和入院者,举办了本质相同的两类考试,许多考题都与设色有关。

一是画学生徒结业时的"三舍"考试。曾有考题画唐诗崔涂《春夕》"蝴蝶梦中家万里,子规枝上月三更"之句,生徒王道亨画汉代历史故事"苏武牧羊",画中的苏武正在暇寐,能"曲尽一联之景",连绘两图皆称旨,"遂中魁选。明日进呈,徽宗奇之,擢为画学录"④。"画学录"系画学管理日常事务的吏员,王道亨被留校任职。

二是画院的入院考试。为提高画院画家的技艺和构思能力,徽宗亲自出题招考,往往以诗句为题要求学子们曲尽其意、遐想无限,排斥那种平铺直叙、图解式的绘画构思,助长了宫廷画家提高文学修养、工于巧思的创作

---

① 一说燕贵即燕文贵,"大中祥符初,建玉清昭应宫,贵预役焉。偶暇日,画山水一幅,人有告董役刘都知者,因奏补图画院祗候,实精品也"。(宋)郭若虚:《图画见闻志》卷四,第52页。

② 《宋史》卷一五七《选举三》,第3688页。

③ (宋)赵彦卫:《云麓漫抄》卷二,中华书局,1996年,第28页。

④ (宋)洪迈:《夷坚志》乙志卷五,第126页。清十万卷楼丛书本＊。"蝴蝶梦中家万里,子规枝上月三更",邓椿《画继》卷六作头筹者为战德淳,其构思皆同。

风气。

徽宗以"万年枝上太平春"为题查验考生对诗句的理解力,理想的构思是画冬青树上的频伽鸟;以"踏花归来马蹄香"之句作画,胜者是画蝴蝶尾随着马蹄翻飞;以"嫩绿枝头红一点,动人春色不须多"之句考画家的用色能力,擅者绘一涂有口红的仕女凭栏而立,隐现在绿荫丛中;又出"野水无人渡,孤舟尽日横"之句,考生则多画一空舟系于岸边,绘鹭、鸦栖息于船舷或蓬背,唯宋子房构思不凡,他画一渡工卧于船尾,横一孤笛,可见船工寂寞难耐,荣获第一,后为画学博士;画"竹锁桥边卖酒家"之句(一作"乱山藏古寺"之句),平庸者皆画露出塔尖或鸱吻,甚至画出酒店,皆无藏意,独有李唐"画荒山满幅,上出幡竿,以见藏意"①,他后来成为"南宋四大家"之首,绝非偶然。

徽宗在平时一旦发现有中意的善画学子,随时奖励。如那位少年新进在壶中殿前柱廊拱眼画斜枝月季称旨,徽宗赐绯,意味着该少年可以享受六品官的穿着待遇。据北宋慕容彦逢《摘文堂集》载,在画学做了画学录的张晞颜,依照御批的《花果三十品》,笔法有进,赐官将仕郎(从九品)。②

据蔡京在王希孟《千里江山图》卷上的题记:"政和三年闰四月一日赐。希孟年十八岁,昔在画学为生徒,召入禁中文书库。数以画献,未甚工。上知其性可教,遂诲谕之,亲授其法。不逾半岁,乃以此图进。上嘉之,因以赐臣京,谓天下士在作之而已。"可知王希孟本是画学生徒,后供职于禁中文书库,曾经徽宗赐教,不到半年绘成《千里江山图》卷,尽显孟浩然《彭蠡湖中望庐山》诗意。事实上,徽宗在考他,此图是他欲进入画院的"投名状"。不幸的是,王希孟很可能因沉疴在身,按照宋代的职官制度,徽宗无法任用,只得"嘉之",并赞之为"天下士",此乃徽宗对艺术家的最高赞誉。据考,王希孟在二十一二岁时故去。③

---

① (宋)邓椿:《画继》卷一,第 3 页。
② 原文:"画学录张晞颜可将仕郎,依前画学御批进过《花果三十品》,笔法颇有可取制。"(宋)慕容彦逢:《摘文堂集》卷五,第 162 页。清文渊阁四库全书本＊。
③ 见拙文《王希孟姓氏和早卒案蠡测——谨以此篇纪念杨新先生逝世》,刊于《故宫博物院院刊》2020 年第 6 期。

四、艺术帝国的美学图谋

纵观徽宗一生,他是背负着艺术的使命来到宋朝的。他首先是皇帝,然后才是画家。他要把绘画作为帝王的一项霸业,建立一个属于他的艺术帝国。徽宗登基之初,不满于当时的艺术现状是:职业画家已经形成了十分成熟的"悲天悯人"的平民审美观,在文人学士中,形成了自成体系的文人画"萧条淡泊"的审美观。这两类作品不能在皇家的宫殿里占据主角。他的使命感就是要从世俗的和文人的艺术精品中汲取一定的素养,建立一整套属于宋代皇家"丰亨豫大"的审美观,与"悲天悯人"和"萧条淡泊"的审美观形成鼎足之势。

(一)"悲天悯人"的审美观

"悲天悯人"的思想本出自唐代韩愈《争臣论》:"彼二圣一贤者,岂不知自安佚之为乐哉?诚畏天命而悲人穷也。"意即哀叹时世、怜惜众生。反映这种思想的作者有文人和职业画家,不分朝野,其画面意境以荒寒枯寂据重,气候以秋冬雪天占多,色调以晦暗清淡为主,表现出画家对世事的感慨,对苦难的关注,对弱小生命的哀怜,颇有一番悲凉之感。

"悲天悯人"审美观较明显地出现在山水和人物画里。如传为五代关同《关山行旅图》轴和宋代佚名《江帆山市图》卷(皆台北故宫博物院藏)中深山小集里山民们的质朴生活,传为宋初李成《读碑窠石图》轴(图1,日本大阪市立美术馆藏)里在古木下阅读古碑的老者,都产生出沉厚的沧桑感。宋初祁序山水与动物的结合之作《江山放牧图》卷(故宫博物院藏)里,隐隐于胸的是天老地荒之感。画家常常借山水画中点景人物艰难出行的生活画面,表达了对他们的同情,如宋初郭忠恕《雪霁江行图》卷(图2,台北故宫博物院藏)中的呵冻吏员。人物风俗画则体现得更多,佚名的《盘车图》轴(图3,故宫博物院藏)把车夫暮前赶山路的艰辛表现得扣人心弦。最著名的是张择端绘于崇宁年间(1102—1106)中后期的《清明上河图》卷(故宫博物院藏),充分展现了底层百姓们为生存而付出的诸多辛劳。这类绘画的作者都在寻找一种特殊的美感形式——在悲悯中生发出来的凄美之感。

图1　北宋李成(传)《读碑窠石图》轴　　　　图2　北宋郭忠恕《雪霁江行图》卷(局部)

图3　宋佚名《盘车图》轴(局部)

　　这些都说明画家心中有许多不能释怀的忧患意识。随着北宋末年社会问题不断堆积和民族危机日益上升,这种忧患愈加鲜明,在画家的作品里则愈加悲切,到"靖康之难"之时达到了高峰。两宋之交朱锐《盘车图》页(图4)、朱氏《溪山行旅图》页(均藏于上海博物馆)都描绘了在途中与严寒抗争的情景,记录了北宋灭亡后中原难民南逃的史实。

图 4　两宋之交朱锐《盘车图》页

(二)"萧条淡泊"的审美观

　　"萧条淡泊"的绘画审美观最初来自北宋欧阳修的概括和阐发:"萧条淡泊,此难画之意,画者得之,览者未必识也。故飞走迟速,意浅之物易见,而闲和严静,趣远之心难形。"①欧阳修还提出更高的要求:"笔简而意足,是不亦为难哉!"②米芾倡导的"平淡天真""不装巧趣"的观念则是"淡泊"的

---

　　①　(宋)欧阳修:《文忠集》卷一三〇《鉴画》,《景印文渊阁四库全书》第1103册,第313页。
　　②　(宋)欧阳修:《六一跋画》卷一一《题薛宫期画》,《中国书画全书》第1册,上海书画出版社,1993年,第576页。

另一种体现。其作者大多为朝野文人,尤其是失意文人。文人画家因世事郁积于心的愤懑和忧郁之情,全放开了就走向洒脱和宣泄之态,在笔尖之下的是各自的"萧条淡泊"或"平淡天真"之迹。

　　如苏轼《枯木竹石图》卷(私家藏)中的盘郁,李公麟《五马图》卷(日本东京国立博物馆藏)里的神韵,王诜《渔村小雪图》卷(故宫博物院藏)的清寒之意,乔仲常《赤壁后游图》卷(美国纳尔逊-埃金斯博物馆藏)的清新远逸,米芾《珊瑚笔架图》卷和米友仁《潇湘白云图》卷(均藏故宫博物院)的天真率意,两宋之交的扬无咎《四梅图》卷(故宫博物院藏)的峻峭冷逸等。

　　"萧条淡泊"类的文人绘画和"悲天悯人"类的作品一样,大多不以高大的尺幅和繁复的色彩夺人眼目,而是在清雅简淡的笔墨里与同道作精神邀约,或在风神俊朗的意态中自抒胸臆。

(三)"丰亨豫大"的审美观

　　"丰亨豫大"的审美观导源于孟子"以大为美"的思想。《孟子·尽心下》对人格美的评定是:"……充实之谓美,充实而有光辉之谓大,大而化之之谓圣,圣而不可知之之谓神。"[1]这种审美观被物化的现象初露于北宋中期,英宗朝魏国公韩琦在《安阳集钞》里提出了"真、全、多"的绘画审美标准:"得真之全者,绝也。得多者,上也。"[2]"真"是景物的写实要如生,在此基础上要尽可能地完整即"全";"多"则是场景要大,表现内容要丰富。达到又"真"又"全"者,则为绝品,即便以"多"取胜,也是上品。这些都影响了徽宗朝"丰亨豫大"审美观的进一步形成,甚至影响到后来文人书法的幅式和容量,如米芾、黄山谷等好作高头大卷。米友仁继承其父米芾的衣钵,所言更为畅快:"成长卷以悦目,不俟驱使为之,此岂悦他人物者乎?"[3]显然是受到"丰亨豫大"审美思想的影响。

---

① (东周)孟轲撰、(汉)赵岐注:《孟子》卷一四,第119页。四部丛刊景宋大字本 *。
② 《渊鉴类函》卷三二七,《景印文渊阁四库全书》第1461册,第53页。
③ 引自米友仁跋其《潇湘奇观图》卷(故宫博物院藏)。

　　蔡京自第三次入朝拜相起,就不停地蛊惑徽宗靡费物质财富。徽宗对蔡京解释"丰亨豫大"的观念特别感兴趣。"丰亨"本出自《周易·丰》:"丰亨,王假之。""豫大"本出自《周易·豫》:"豫大有得,志大行也。"这本是说"王"可以利用天下的富足和太平而有所作为。蔡京曲意解释《易经》里"丰亨""豫大"两句,蛊惑徽宗去坐享天下财富,理由是天下承平日久,府库充盈,百姓丰衣足食即为丰亨,既然天下"丰亨",就要出现"豫大",即大兴土木,建造一系列专供皇家享受的建筑和园林如明堂、延福宫、艮岳等,还要铸九鼎以昭告天下及后世万代,以此迎合徽宗好大喜功的心态。当这些奢靡的宫殿完工之后,殿内装堂饰壁固然也必须与"丰亨豫大"的审美观相协调,在建筑里要有富丽堂皇的设色壁画和屏风画,这正是徽宗要积极倡导的审美观。

　　被蔡京严重曲解为"丰亨豫大"物质享受观,极大地影响了北宋末的宫廷建筑和皇家园囿的营造思想,改变了北宋早中期尚简戒奢的风尚。其审美观对宫廷其他艺术门类也都产生了深刻的影响。以"丰亨豫大"的审美观念实现皇家大型建筑工程则要靡费大量的民脂民膏,必定要远远超出社会负荷的警戒线,其结果就是加速了北宋的灭亡。当时和后世的官员都对徽宗朝许多大而不当的营造活动多有批评。

　　"丰亨豫大"在政治和生活上是腐朽没落的,这必然要在宫廷艺术创作中表现出来,形成了北宋皇家独特的艺术成就和审美价值,更是北宋后期宫廷美学思想的核心。"丰亨豫大"审美观的造型基础是写实的;在色彩上强调简约而华贵,给人以精美雅致的审美感受;在体量上,追求"全而多""大而长",其目的是"粉饰大化,文明天下,亦所以观众目,协和气焉"①。

(四)"丰亨豫大"中的徽宗画艺

　　徽宗曾自谓:"朕万几余暇,别无他好,惟好画耳。"②他"昼日不居寝

---

①　《宣和画谱》卷一五,第163页。

②　(宋)邓椿:《画继》卷一,第1页。

殿,以睿思(殿)为讲礼进膳之所,就宣和(殿)宴息"①。他对绘画的兴趣到了废寝忘食的程度。徽宗到处寻找并描绘各种祥瑞之物,这不仅是为了满足占有欲,更是为了寻求国家的祥瑞所在,恰如邓椿所云:"诸福之物,可致之祥。"②以此稳定朝廷、安抚民心。徽宗将此作为祈祷国家和民族福祉的独特形式,对此迷信至极。

宋徽宗在其主持编撰的《宣和画谱》里开宗明义地阐明"丰亨豫大"山水画的形态是:"岳镇川灵,海涵地负,至于造化之神秀,阴阳之明晦,万里之远,可得之于咫尺间,其非胸中自有丘壑,发而见诸形容,未必知此。"③这与山水构图是相配套的,即取景广大远阔,绵延不断,一览无余,是李成、范宽竖幅的全景式山水画难以实现的。据《画鉴》记载,徽宗的《漫游化城图》,"人物如半小指,累数千人,城郭宫室,麾幢钟鼓,仙嫔真宰,云霞霄汉,禽畜龙马,凡天地间所有之物,色色具备,为工甚至。观之令人起神游八极之想,不复知有人世间,奇物也"④。这是古代文献记载中人数最多、场面最宏大的独幅绘画。他的《奇峰散绎图》"意匠天成,工夺造化,妙外之趣,咫尺千里。其晴峦叠秀,则阆风群玉也;明霞纡彩,则天汉银潢也;飞观倚空,则仙人楼居也。至于祥光瑞气,浮动于缥缈之间,使览之者欲跨汗漫,登蓬瀛,飘飘焉,峣峣焉,若投六合而隘九州也"⑤。1110 年或此年略前,徽宗完成了《雪江归棹图》卷,⑥横向展开了雪景江山。王希孟受到此图的激励,在《千里江山图》卷的构图上延续了该卷的绵延式布局,进一步抬高了视线,扩大了视域。还有佚名(旧作赵伯骕)的《江山秋色图》卷(故宫博物院藏)等。这符合山水画构图发展变化的一般规律,即从五代北宋初的取景于山体到北宋后期扩展到取景于群山。

---

① (宋)王应麟:《玉海》卷一六〇《宫室》,第 3110 页。清光绪九年浙江书局刊本 * 。

② (宋)邓椿:《画继》卷一,第 2 页。

③ 《宣和画谱》卷一〇《山水叙论》,第 99 页。

④ (元)汤垕:《古今画鉴》,载潘运告编著《元代书画论》,湖南美术出版社,2002 年,第 386—387 页。

⑤ (宋)邓椿:《画继》卷一,第 2 页。

⑥ 蔡京的跋文书于 1110 年春,题毕后退休在杭州。

徽宗将"丰亨豫大"的审美观扩展到花鸟走兽画,更是提倡"大而全"的量化观念。他的花鸟画脱尽凡俗,可称之为"仙境绘画"。政和(1111—1118)初年,徽宗的巨幅宏制《筠庄纵鹤图》画了二十只仙禽,"或戏上林,或饮太液。翔凤跃龙之形,惊露舞风之态。引吭唳天,以极其思;刷羽清泉,以致其洁。并立而不争,独行而不倚。闲暇之格,清迥之姿,寓于缣素之上,各极其妙,而莫有同者焉"①。徽宗把仙鹤的动物特性拟人化,展现了典雅高洁的自然品格。他将自己的御笔之作和一大批画院画家的代笔之作汇集成一万五千开大幅册页的《宣和睿览》册。徽宗尤好向臣子们展示他的花鸟画。他在赐宴时,常常向群臣宣示新作,昭示国运将临。如政和五年(1115),他向赴宴者展示《龙翔池鸂鶒图》,群臣"皆起立环视,无不仰圣文,睹奎画,赞叹乎天下之至神至精也"②。可见其画幅和场面十分宏阔,足以震慑群臣。在徽宗的影响下,出现了擅长以"百图"为题的待诏马贲,"作《百雁》《百猿》《百马》《百牛》《百羊》《百鹿》图,虽极繁夥,而位置不乱"③。刘益和薛志分别在明达皇后阁左右廊画《百猿图》和《百鹤图》,两两相对,④刘益还"作《莲塘》背风,荷叶百余,独一红莲花半开其中,创意可喜也"⑤。

现存与徽宗有关的宋画可分为"御题画"和"御画"两大种,可以名款和印章作为鉴定标尺。在御题画里,可以细分为两类:其一是他所推崇的绘画风格,其二是他的代笔。徽宗有意就代笔画与亲笔画作出区别:亲笔画则署"御画",作瘦金体"御制御画并书";幅上仅有"天下一人"花押,很可能是代笔,与花押相伴的玺印是"御书"(朱文)。有徽宗御题诗之作则为"御题画","御制"是特指画中的诗系徽宗所作。

宋徽宗存世真品在10件左右,其中包括两种风格:其一是工笔设色,如《祥龙石图》卷(故宫博物院藏)、《五色鹦鹉图》卷(美国波士顿美术馆藏)、《瑞鹤图》卷(辽宁省博物馆藏)、《竹禽图》卷(美国纽约大都会博物

---

① (宋)邓椿:《画继》卷一,第1页。
② (宋)邓椿:《画继》卷一,第2页。
③ (宋)邓椿:《画继》卷七,第58页。
④ (宋)邓椿:《画继》卷一〇《杂说·论近》,第75页。
⑤ (宋)邓椿:《画继》卷六,第53页。

馆藏);其二是墨笔写意,类同文人逸笔,如《柳鸦芦雁图》卷《柳鸦》段(上海博物馆藏)、《写生珍禽图》卷、《四禽图》卷(均私家藏)、《池塘秋晚图》卷(台北故宫博物院藏),还有山水画《雪江归棹图》卷(故宫博物院藏)等。此外,《桃鸠图》页(日本私家藏)、《腊梅双禽图》页(四川博物馆藏)和《腊梅山禽图》轴(台北故宫博物院藏)是研究徽宗真迹的重要作品(待检测)。笔者与故宫博物院研究馆员王允丽女士近年对本院和辽宁省博物馆藏的一批北宋绘画的绢质进行了检测,对鉴定徽宗之作提供了一些实证(见后文)。

五、徽宗对绘画创作的管理

"画者,文之极也。"①徽宗是以绘画为主轴,以此影响其他艺术。他调动朝廷的行政机器来管理宫廷绘画的具体事务,以周密的计划和宏大的项目掌控众人的艺术活动。

(一) 徽宗与画院

神宗朝画院的建制已基本完善,徽宗所作的努力主要是提高画家的艺术品位。他除了建立了一整套入院考试制度外,采取了一整套有别于前朝的管理模式。

(1) 直接控制画家。徽宗对画院实行垂直管理,画家必须先呈交画稿,获得恩准后,方可正式定稿,并随时听候训导。徽宗为了方便指授他们,特许他所青睐的画家可以佩鱼,以便于进出内廷,客观上提高了他们的政治待遇。

(2) 建立双重绘画标准。北宋中后期皇帝特别是徽宗建立了双重的绘画标准,他们大多以文人画的审美意趣要求宗室和外戚画家,多以墨笔画芦竹野禽,对他们的书法制定了严格的标准,但对宫廷职业画家则另有要求,既要有装堂饰壁的功用,又要有状物写实、画风精美的艺术效果。

---

① (宋)邓椿:《画继》卷九,第69页。

(3) 阻止文人画风流传到画院。徽宗对宫廷画家有诸多严苛的要求,唯独不见对书法有要求,待诏画家没有显露书艺,书画之间固有的艺术联系被人为地割裂了。徽宗对宫廷画家的这种艺术限制,是要阻止文人画的艺术风尚吹拂到画院,影响到御用画家的绘画功用。在他看来,具有文人气韵的山水画家多出于"人品甚高"的"缙绅士大夫"。①

(4) 利用画院画家绘制谍画。宋太祖将绘画用作军事用途的绝技也传至徽宗朝,承担此事的多为画院的画学生。"宣和初,徽宗有意征辽……有谍者云:'天祚貌有亡国之相。'班列中或言陈尧臣者,婺州人,善丹青,精人伦,登科为画学正。(王)黼闻之甚喜,荐其人于上,令衔命以视之,擢水部员外郎,假尚书,以将使事。尧臣即挟画学生二员俱行,尽以道中所历形势向背,同绘天祚帝像以归。入对即云:'虏主望之不似人君,臣谨写其容以进。若以相法言之,亡在旦夕。幸速进兵,兼弱收昧,此其时也。'并图其山川险易以上。上大喜,即擢尧臣右司谏,赐予钜万。燕、云之役遂决。"②这是北宋在军事上难得的所谓"燕云之胜"。由此可见,画院的肖像画水平有了明显的提高。画家为了解敌酋的状态、描绘敌国领地的山水图,均属于有谍报性质的谍画,在北宋末征战中起到了特殊的军事作用。其中随画院画学正陈尧臣赴辽画谍画的两位"画学生"极可能就是来自画学的生徒,人物、山水皆擅。

(二) 代笔制度与绝色之作

徽宗培育了一支年轻的画家队伍,作为重整画院的资本,设定了属于皇家的审美观念。徽宗在画院里暗暗建立了代作制度(包括整体和部分代作),这与常人之间的代作关系有相同之处,即原作者均不得署名钤印,但两者代作在本质上是不同的。徽宗着眼于宫廷统治的需要,对代作者既有政治上的宠信和艺术上的肯定,又有役使关系,知者讳莫如深,后世一些皇帝

---

① 《宣和书谱》卷一〇,第 99 页。
② (宋)王清明:《挥麈录》后录卷四,上海书店出版社,2001 年,第 97—98 页。

的代笔性质亦与此相近。而常人之间的代作关系则是建立在友情之上，其代作关系几乎是半公开的，与经济利益相关，以解他人之求。

画学在1110年至少结业了大约60名生徒，画院开放了40个画学生职位，优先录用善画人物者。① 这些来自画学的画家名字极少为后人所知，否则，续接《图画见闻志》的邓椿《画继》会多有载入，而后者只记载了三位在画学任过职的宋子房、米芾、张晞颜，记录了宣和画院时期没有职务的画家如擅写山水的河阳人李唐、善作翎毛的洛人韩若拙、精于花鸟的京师人宣亨、画花鸟的京畿人卢章、长于墨笔雪竹的济南人田逸民、画云龙的侯宗古和郝七、专画犬的周照、工界画的京师人任安、画水墨杂画的薛志等，尚不能排除他们当中有来自画学的生徒，但可以肯定，他们都是通过考试进入画院的。

从两位京师籍画家刘益、富燮的经历，可以得知这些在画院底层的年轻画家们都在干些什么，他们是仅有的为后人所知的徽宗代笔者："刘益……宣和间专与富燮供御画，其自得处，多取内殿珍禽谛玩以为法，不师古本，故多酷似。"②刘益因长有赘瘤，宫里不安排他拜见徽宗。③ 邓椿特地指明这两人在"供御画"（其实远不止两人），其专项活计是有所暗指的；相反，邓椿直言不讳地指出宣和朝的花鸟画家、画学谕张晞颜因"不胜士大夫之求，多令（弟子）任源代作"④。可见为徽宗代作的行为是不公开的，徽宗以后许多帝王的此类行为，是当朝臣子为君者讳的不言事实，除了诏书等公文之外，在宫廷文献里不可能有这方面的直接记录，需要根据当时的一些蛛丝马迹进行考证和逻辑分析，方可略知其情。

不难发现，除了徽宗本人，当时极少有署名作品，这留给后人一个巨大的艺术史空洞，即一大批不知姓名的原画学生徒结业后在哪里？ 他们在干什么？

他们当中的优秀者陆续进入画院，许多人像工蜂一样为徽宗代作不停

① （宋）邓椿：《画继》，第77页："凡取画院人，不专以笔法，往往以人物为先。"
② （宋）邓椿：《画继》卷六，第53页。
③ （宋）邓椿：《画继》卷六，第53页。
④ （宋）邓椿：《画继》卷六，第52页。

地忙碌着,特别是参加《宣和睿览》册的绘制工程。《宣和睿览》册是一部佐有诗书文、空前庞大的集册,特别注重收求祥卉瑞禽图像,徽宗相信这些能够给他的政治统治带来祥运:"动物则赤乌、白鹊、天鹿、文禽之属,扰于禁籞;植物则桧芝、珠莲、金柑、骈竹、瓜花、来禽之类,连理并蒂,不可胜纪。乃取其尤异者,凡十五种,写之丹青,亦目曰《宣和睿览》册。复有素馨、末利、天竺、娑罗,种种异产……赋之于咏歌……又凡所得纯白禽兽,一一写形作册第四。增加不已,至累千册。各命辅臣题跋其后,实亦冠绝古今之美也。"①作为该册的样板即徽宗的《瑞鹤图》绘于政和二年(1112)的正月,说明这项绘画工程在政和初年就开工了,完成于宣和年间。根据其工作量,至少有 60 位左右的画家全职为徽宗代作,他们经过设色画的训练之后,按人均十天画完一开计算,大约需要七年多的时间才能完成一万五千开工笔设色画的工作量。期间,代笔者还要完成其他立轴和手卷的活计,以及临摹晋唐设色绘画等活动。画学生们至少要在二十年间通过画学正、艺学、祗候三个台阶,才能进阶到待诏的位置,到北宋灭亡前夕也难以达到。

当然,在这个帝国里的画家尚能保留一定的去留自由,如画院花鸟画家宣亨不顾徽宗挽留,固辞离去。②

六、研究徽宗的物证

有关徽宗的历史文献大多被历代学人"深耕"多次,形成了大相一致的观点,若对徽宗及其艺术帝国作进一步的探索,则需开拓新的证据源——寻找与此有关的物证。这些物证来自绘画材料本身和徽宗描绘的客观对象,通过它们,可以发现徽宗的一些具体行为,以此判定他的思想动机,将会对这个帝国产生一些新的认知。

(一) 徽宗如何写实

徽宗对实物写生时,如何处理一些细节?这涉及他的绘画观念。徽宗

---

① (宋)邓椿:《画继》卷一,第 2 页。所谓"纯白禽兽",即白化动物。
② (宋)邓椿:《画继》卷六,第 53 页。

画作中对禽鸟的眼睛表现得十分真实,如《竹禽图》卷上禽鸟正是"以生漆点睛,隐然豆许,高出纸素,几欲活动,众史莫能也"①,说明徽宗的写实观念是写出生灵的生机。

但徽宗的写实和写生不是机械的,有一块石头就是一个结实的物证。《祥龙石图》卷(图5)的写生灵感来自他收藏的一块腾龙般的湖石,当我们面对这块原石(图6)时,不得不让人为之一惊——徽宗写实精准的程度竟能对应原石的每一个细微之处,石上有一个石窝,积满了沃土,他设色画自然地生长着的两株木本植物,高的一株被黄小峰考为枇杷,②矮的一株杆系似瓜子叶黄杨或小檗,由于石窝的空间有限,木本植物长得灵秀巧小,萌态可人,其下长出一片草本植物酢浆草,妙趣横生(图7)。这块湖石连同其上的植物是在野外被上天造就出来的自然之物,只是岁月没有留住这个"盆景"。有意味的是,画中祥龙石上徽宗的瘦金书"祥龙"二刻字(图8),实际上是在祥龙石的背面,徽宗在写生时,将它移到正面,完全是出于概括集中表现物象的客观真实性的需要。由此可以看出徽宗的写实是主动灵活和富有创意的。

图5　北宋徽宗《祥龙石图》卷　　　　　图6　祥龙石原石正面

① (宋)邓椿:《画继》卷六,第53页。
② 黄小峰:《古画新品录》,湖南美术出版社,2021年,第8—10页。

图 7 《祥龙石图》石窝上的植物

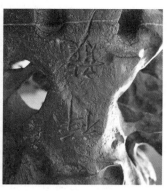

图 8 原石背面勒石的
瘦金书"祥龙"二字

（二）一批门幅相近的宫绢显现出徽宗的用心

在徽宗登基之前,唐代大小李将军的设色山水在北宋渐渐"褪色"了,唯有少数宗室和贵胄画一些淡设色的山水画,如赵令穰的《秋塘图》页(日本大和文华馆藏)、王诜《烟江叠嶂图》卷(上海博物馆藏)等。

值得注意的是:徽宗绘于 1112 年的《瑞鹤图》卷的门幅为 51 厘米(这基本上是《宣和睿览》册的统一高度),与王希孟绘于次年的《千里江山图》卷的门幅十分相近,前者高度比后者只少 0.5 厘米,可忽略不计;它们的材质几乎是一样的,是徽宗赐予王希孟近 12 米长的一卷宫绢,用于画该图,建立了青绿山水用色的基本方法。很可能也是在这个时段,徽宗将同样门幅的宫绢赐给了另外两个御用画家,临摹了唐代张萱《虢国夫人游春图》卷(绢本设色,纵 51.8 厘米、横 148 厘米,辽宁省博物馆藏),绘成了《听琴图》轴①(绢本设色,纵 81.5 厘米、横 51.3 厘米,故宫博物院藏)。后者系徽宗的御题画,蔡京在上面题写了七言绝句,虽然没有年款,但根据蔡京获得宠信的时间,可以推定该图约绘于 1112 年。徽宗在门幅差不多的《芙蓉锦鸡图》轴(绢本设色,纵 81.5 厘米、横 53.6 厘米)上题诗、画押。后来,徽宗将这一规格的长绢赐予了当时的李唐,使他完成了《江山小景图》卷(绢本青绿,纵

---

① 此图旧作宋徽宗作,近人杨新说画中鼓琴者为绘画,清代胡敬指出着红衣坐者为蔡京。

49.7 厘米、横 186.7 厘米,台北故宫博物院藏)。这些画绢极可能都来自于同一类织机,如山西高平开化寺大雄殿绘于北宋绍圣三年(1096)的壁画上有一架可织门幅为 50 厘米左右的立式织机(图 9)。在一段时间内,多人使用同样门幅的宫绢作设色的山水、花鸟和人物画。显而易见,至少始于 1112 年,徽宗要集中人力、物力全面解决各画科的设色问题。

图 9　北宋山西兴化寺壁画中的竖式织机
(线图来自福建博物院)

"丰亨豫大"的审美观念不可能没有色彩支撑。北宋早中期的绘画设色缺乏鲜丽,徽宗责令年轻的画家们大量研习并临摹晋唐绘画,这个取向受到北宋中后期文坛古文运动的影响。当时无论是新党还是旧党,都力求矫正北宋初年"西昆体"的浮华文风。欧阳修等主张作文要"明古道,师古经",以配合新党的政治改革。苏轼虽然属于旧党,对当时"多空文而少使用"的形式主义文风也深恶痛绝,强调文辞应"句句警拔""有为而作"。这是超越了党派界限的共同的文学观念,是唐代韩愈、柳宗元发起的散文革新运动的深入和继续。

　　文学的复古与书画的临古相交织是这个时期文化艺术的最大特点,文人画家也纷纷临摹古代名迹。如李公麟奉神宗或哲宗的旨意临摹了唐代韦偃的《牧放图》卷(故宫博物院藏),米芾临写了东晋王献之《中秋帖》(故宫博物院藏)等,徽宗本人亲临墨池,作《女史箴图》卷①,并敕画家摹写了唐代张萱的《捣练图》卷和《虢国夫人游春图》卷等。北宋中后期复制历代书画活动的规模不亚于唐太宗李世民发起的第一次临摹活动,既解决了设色画的技法问题,又解决了纸绢本书画的保存问题。

(三) 李唐的暗抗之证

　　有证据表明徽宗的艺术观念暗暗受到一定的抵制,如李唐也被加入了这个设色攻关群体,他在此间绘制的《万壑松风图》轴、《江山小景图》卷(台北故宫博物院藏)和《长夏江寺图》卷(故宫博物院藏)都是青绿山水,在此后不太久的时间里,颜色几乎都脱落了。② 王希孟是李唐的晚辈,他的青绿山水一次成功,李唐竟三画不成,是不符合逻辑的。根据台北故宫博物院与日本东京文化财研究所对《万壑松风图》轴材质的合作研究,③细查在光学显微镜检测下的图片,看到剥落之处显露出墨笔山石的皴法和杂木用笔,使今人感到原先覆盖在上面的青绿重色几乎是多余的。显然,脱色露出的底图画法是李唐的真正的艺术追求(图 10),可见李唐很可能有意减少胶在颜料中的比例,暗自抵触宋徽宗的审美观念。李唐不喜欢重彩设色的画法,有其怨诗为证:"雪里烟村雨里滩,看之容易作之难。早知不入时人眼,多买胭脂画牡丹。"④李唐南逃到临安时,初在街头卖水墨写意山水,无人问津,无奈之中写下了这首名诗。李唐也没有教授萧照画青绿山水,从萧照的大幅墨笔山水《山腰楼观图》(台北故宫博物院藏)的画法便可得知李唐的喜好,

---

　　①　(元)吴澄:《吴文正集》卷五九《题宣和画〈女史箴图〉》,第 473 页。清文渊阁四库全书本 * 。

　　②　李唐的《长夏江寺图》卷在南宋高宗朝时,重彩尤在,故高宗在其上亲题:"李唐可比李思训。"

　　③　台北故宫博物院、东京文化财研究所编:《李唐万壑松风图光学检测报告》,台北故宫博物院,2011 年。

　　④　(清)厉鹗:《南宋院画录》卷二,《画史丛书》第 4 册,第 21 页。

师徒俩后来在高宗朝山水画坛开创了水墨苍劲一派,李唐一生的艺术追求终于在晚年实现了。

图 10　宋代李唐《万壑松风图》轴

（四）以宫绢的等级证真伪

绢质也是这个时期的重要物证。绢的密度是绢质的重要标准,检测的具体手法就是在仪器帮助下统计一厘米内有多少股经纬线,以此来判定绢的质量差别。王允丽女士负责检测相关的每一幅古画的十几个点后计算出一个平均数,①笔者完成文史分析。

为便于比较,可概括北宋宫绢经纬线的密度等级为三种,最佳宫绢的经纬线均密都在 50 根/厘米以上,次佳的宫绢经纬线均密接近 50 根/厘米,一般宫绢是经纬线均密在 45 根/厘米以下。

通过这些数据可以探知宫廷用绢森严的等级制度:徽宗用的是最佳宫绢,他将 12 米长的御用宫绢赐给了王希孟画《千里江山图》卷(图 11),赐给李唐经线次佳、纬线一般的宫绢,可知对这两位老少画家的器重程度;一般的宫绢赐给那些代笔者或其他宫廷画家。以用绢等次为依据,一些怀疑是否为徽宗的真迹,可以找到新的证据了,即有争议的《雪江归棹图》卷(图 12)和《瑞鹤图》卷(图 13)一样,均系最佳宫绢,为徽宗真迹。至少可以说,那些用一般宫绢绘制的作品,不太可能会是徽宗的真迹,如《听琴图》轴(图 14)、《芙蓉锦鸡图》轴(图 15)(皆藏于故宫博物院)等均系一般宫绢,显然是代笔之

---

① 本次检测共涉及六件徽宗朝的宫绢绘画,均为双丝绢、无捻。双丝绢即双经单纬,就是用两股经线、一股纬线编织起来的宫绢,每两股之间约有一股丝的空隙。再说更细小的组织结构,每股丝是由许多根细丝组成的,组合的方式有两种:一种是加捻,即拧合成一股丝;另一种是无捻,即无须拧转丝线。

1. 北宋佚名(一作徽宗)《雪江归棹图》卷,此绢最佳,织造紧密精细整齐。经纬线的细度基本相近,纬线略粗一点。密度均是 50~55 根/厘米,经纬线均密 52.5 根/厘米。

2. 徽宗《瑞鹤图》卷密度也很高,经纬线细度略不同。经线均密 51 根/厘米,纬线均密 53 根/厘米。

3. 北宋佚名《听琴图》轴,绢质密度掉了下来,经线均密 45 根/厘米,纬线均密 37 根/厘米。

4. 徽宗(一作代笔)《虢国夫人游春图》卷,纬线双根纱,纬线粗。磨损严重。经线密度 42~46 根/厘米,纬线密度 41~45 根/厘米。经线均密 44 根/厘米,纬线均密 43 根/厘米。

5. 北宋佚名(旧作宋徽宗)《芙蓉锦鸡图》轴,经纬线的细度不同,纬线双根纱,织造稀疏。经线均密 41.5 根/厘米,纬线均密 34.5 根/厘米。

6. 王希孟《千里江山图》卷,双丝绢,经线均密 48 根/厘米,纬线均密 57 根/厘米。

此外,台北故宫博物院与日本东京文化财研究所在 2004 年合作研究宋绢,他们运用光学摄影技术检验了李唐绘于 1124 年的《万壑松风图》轴,体现了北宋末宫廷最后三年绘画用绢的状况。王允丽女士等根据台北故宫博物院出版的《李唐万壑松风图光学检测报告》里的图片,对该图的织法和密度进行了统计,是对该项目报告的重要补充。其检测结果为:该图系纵向三拼绢,是来自密度不同的三匹绢,合为一大轴。左侧绢横 46.7 厘米,双经单纬,经纬线的细度基本相同,纬线稍粗。经线密度 48~50 根/厘米,纬线密度 36 根/厘米。中间绢横 48 厘米,双经单纬,两组经线间的距离比左侧绢稍小。经纬线的细度基本相同,纬线稍粗。经线密度 48~50 根/厘米,纬线密度 34 根/厘米。右侧绢横 45 厘米,偏向于单经单纬,经纬线的细度基本相同,纬线稍粗。经线密度 48~50 根/厘米,纬线密度 28 根/厘米。

作,金章宗将《虢国夫人游春图》卷(图16)等置于徽宗名下,亦非允当。

图11　《千里江山图》用绢密度

图12　《雪江归棹图》用绢密度

图13　《瑞鹤图》用绢密度

图14　《听琴图》用绢密度

图15　《芙蓉锦鸡图》用绢密度

图16　《虢国夫人游春图》用绢密度

七、徽宗的艺术才华

徽宗的艺术才华几乎是全面的:绘画与书法、音乐与戏曲、建筑和园艺、陶瓷和工艺、金石与雕刻以及文学等等,他将最初的绘画王国发展为一个庞大的艺术帝国。徽宗的艺术能量源自三个方面:其一是建立一个艺术帝国的愿望始终激励他,并融进了痴迷般的个人雅好;其二以礼制证正统的需要;其三是传播道教思想的手段。在那个国力衰微的时代,他整体催熟并繁荣了宫廷艺术,占居了既宏大壮丽、又婉约精致的艺术品位。

(一) 徽宗与书法

徽宗在书法史上属于开宗立派者,其书法曾学过唐代褚遂良及其外甥薛稷、薛曜兄弟精妙的章法和结体,受到初唐"书贵瘦硬"的影响,徽宗融合诸家之长,形成了瘦金书体。他自年轻时喜好微服混迹于市井,寻找各类新奇事物,当时印刷字体(俗称老宋体)是刻工模仿北宋经生楷书写经的字体在木板或泥块上雕刻而成,运刀在笔画的收尾处有明显的回刀,转折等处显得十分方硬,瘦金书的笔画收尾和转折处出现的顿笔与北宋版书上的印刷字体颇为相近。

瘦金书系楷书书体的一种,有"瘦筋"之意,意即剔肉去肥,抛筋露骨。其结体是内紧外松,撇捺开张,字形方正,笔画瘦硬刚健、劲爽挺拔,其楷书《闰中秋月诗帖》页(图17,纸本,纵35厘米、横44.5厘米,故宫博物院藏)

图17 徽宗楷书《闰中秋月诗帖》页

图 18　徽宗草书《掠水燕翎》纨扇

横画收笔带钩,竖划收笔带点,撇如匕首,捺如切刀,竖钩细长,犹如屈铁断金、力健有余。不过,瘦金书的起笔和收笔常常有明显的回锋,有做作之嫌。在徽宗的草书《掠水燕翎》纨扇(图 18,绢本,直径 28.4 厘米,上海博物馆藏)里,依旧保留了其瘦金书的笔魂墨韵,融合了唐代张旭、怀素的豪放狂逸之气,点划回环自然。

徽宗的刻帖工程对传播书法有着重要的作用。大观三年(1109),徽宗见到《淳化阁帖》的版子已损裂,并发现王著的标题有许多错误,于是诏蔡京等人重新刊定、重书标题,在《淳化阁帖》的基础上增加了内府所藏的法帖,精心摹刻于太清楼下,名曰《大观帖》(十卷),是为汇刻丛帖,有超越《淳化阁帖》之誉。是年,曹士冕奉旨刻石太清楼,是为《太清楼续帖》(二十二卷),其中的十卷本系《建中靖国秘阁续帖》,易其标题、去其年款、官阶,又增刻《孙过庭书谱》及《贞观十七帖》。始于太宗朝、盛于徽宗朝的公私刻帖成为时尚,一直风行到南宋孝宗朝。各种拓本的出现极大地增强了艺术帝国所藏精品法书的传播力度,是后世"帖学"的滥觞。

(二)　徽宗与宫廷、道教音乐

宫廷音乐是封建礼制的具体体现。北宋朝廷有过六次改革宫廷雅乐的历史,而以徽宗的第六次改乐对当时和后世的影响最大,其主要业绩在完善道教音乐和建立大晟乐,是这个艺术帝国发出的绝响。

崇宁四年(1105),徽宗将宫廷雅乐定名为"大晟乐",亲自编写了《大晟乐记》,制定了大晟乐确定音高标准的方法、音阶形式、音域等。徽宗为此专门设置了大晟府管理乐器和服装、依仗等规矩,在郊庙祭祀和朝廷上使用大晟乐,并传播到多地的文教机构。与大晟乐相伴的宫廷舞蹈也更加排场和规范,有别于勾栏瓦子里的世俗舞蹈。

徽宗为使朝野笃信"君权神授",在林灵素等道士的配合下,竭力推崇道教音乐。大观二年(1108),诏颁《金篆灵宝道场仪范》,统一全国的道乐曲本,徽宗著道教举行斋醮歌唱赞颂之范本《玉音法事》(三卷),收集了东晋以降的道教仪式经韵,随后是徽宗的道教词。

徽宗配合乐改,尽显其文学造诣,其词属于婉约派,纯属"艳科",有词集《宋徽宗词》行世。宫廷音乐随着他的四、五、七言诗句更加成熟和规范,如集步虚词、奉戒颂、白鹤词、三清乐、散花引、三皈依、华夏赞等,徽宗从音乐的角度又推进了宫廷文学的发展,他被当今音乐界论为"在道教音乐史乃至中国音乐史上都具有特殊价值"①。

(三)徽宗与建筑、园林

与历朝一样,宋代营造建筑、园林的工程隶属于尚书省之下的将作监,徽宗企图以大型宫殿作为帝国纪念碑式的建筑。与前朝力主奢华的建筑风格不同的是,徽宗朝的建筑是在"丰亨豫大"审美观念影响下的风格和气派,他将简约与奢华这两个极端的建筑风格有机地统一为一体,即以极为奢侈的工程材料和谨严的工序营造出风格极为凝练的宫殿建筑群,实为简约中的奢华。

有幸的是,徽宗遇到了李诫。李诫在徽宗朝初年释放了一生中最后的才华,在徽宗登基之年,修订出《营造法式》,规范了八个级别的建筑构件,如

---

① 孙武:《北宋宫廷雅乐改革的再审视》,《音乐传播》2019年第2—3期。

柱子的具体规格、数量、尺寸等,以及柱础、斗拱、石阶、栏杆以及门上的图案,乃至用工的量化规律。他还为徽宗建造了辟雍(1872间),修缮龙德宫,建造景龙门、九成宫、开封府衙、太庙和一些皇家寺庙。李诫卒于1110年,徽宗在他生前连升他六级,官至从五品、享三品官服之誉。大凡在徽宗朝出现的名师巨匠,其才华都会被用上。

　　宣和的建筑形态在北宋卤簿大钟(铜质,通高184厘米、口径81厘米,辽宁省博物馆藏)的外壁装饰上尚可一见。政和八年(1118),在蔡京的建议下,将宫成的宣德三门改建为宣德五门(图19),气势恢弘。

图19　北宋卤簿钟上的宣德五门

　　开封地平,没有山地。政和七年(1117),有道士向徽宗献计:将宫外东北部的地面增高,必有多子之福。于是,赵佶在那里按照道教八卦所列的艮方叠土堆成一座皇家园林。初名万岁山,后改名艮岳,耗时六年,占地方圆十余里,用童贯、朱勔从江南运来大量的花石纲浓缩了庐山、天台、雁荡、三峡和云梦等地的自然景观,其间营建了许多亭台楼阁,豢养了多种珍禽异兽,"凡天下之美,古今之胜在焉"①。其设计理念充分体现了徽宗崇

―――――――――

　　① (宋)王称:《东都事略》卷一〇六,第528页。清文渊阁四库全书本＊。

尚道家仙境、概括自然万物并讲求大而全的园林艺术观,真乃形象化了的丰亨豫大。

徽宗在园艺、建筑等设计艺术方面有着很高的鉴赏力,诸多的道教宫观如五岳观、延福宫、玉清和宫、宝真宫、宝成宫、上清宝箓宫等都是在他的主导下完工的。

(四) 徽宗与雕刻

徽宗在雕塑方面主要倾注在道教宫观的塑像和陵墓的石雕上,惜多不存。他营建了上述许多宫观,其内都有高大精美的神祇塑像。道家有十大洞天、三十六小洞天、七十二福地。政和六年(1116),他敕令各地"洞天福地修宫建观,塑造圣像"①。山西晋城南村的二仙观就建于徽宗朝,里面的泥塑二仙姑像和尚存的22尊侍者像,其人神合一之态,冠绝当时。

图20 北宋哲宗永泰陵"镇墓大将军像"(局部)

徽宗时期的大型陵墓雕刻主要是哲宗永泰陵的石像生,位于河南巩义市芝田乡八陵村,为北宋陵墓雕刻艺术的绝佳之作。石雕取料于偃师栗子山,石材坚固似铁,质感温润如玉,体量虽不及前朝,但造型饱满圆厚,形态端庄肃穆,最具代表性的人物雕像为"镇墓大将军像"(图20),写实极为细腻,颇有力度,此外还有石雕"宦官像""石狮""石马"和高浮雕"马首鸟身"等,此系北宋皇家大型雕刻的最后辉煌。附近有哲宗第二任皇后刘皇后陵前的石像生等,造型极简,留存不多,已显颓势。

①《宋史》卷二一,第396页。

（五）徽宗与各类工艺

徽宗朝的宫廷工艺制作活动隶属尚书省之下的少府监管辖的文思院，徽宗朝的各类工艺品多是为礼制服务的器具，以求正统，也是宫廷生活的需求，物化了丰亨豫大的审美观。当时的诸多工艺深受文坛复古主义思想的影响，均在仿古中自出新意，较多地体现在金石、陶瓷和其他工艺品上。

始于北宋中期鉴藏商周青铜器风气，促使宋徽宗朝仿制了一批三代青铜器和玉器，为宣和宫廷的重要礼器，如按《周礼》之矩仿制的《山尊》（图21，青铜，高29厘米，重5400克，故宫博物院藏）。铜器的造型和纹饰舍弃了商周繁缛狞厉的特性，而追求简洁质朴、清雅静穆的审美效果，玉器的样式和纹饰较多地汲取了民间的生活气息，灵动飞扬而不失典雅端丽。

定窑、汝窑、耀州窑都为徽宗朝烧制宫廷用单色釉瓷，炉、樽、瓶等器型以仿古居多，也有适应日常生活的器具和文

图21　北宋"宣和三年尊"

具，徽宗十分青睐汝窑，尤其雅好天青色，成为汝窑瓷的基调，使汝窑得到长足的发展。

此外，徽宗调动开封乃至全国的工艺力量为这个艺术帝国增色至璀璨，如织出具有中原特色的宋锦，用通经断纬法织成的缂丝，漆器以金银为胎，用朱极红且坚，为雕漆，竹木牙角器追求巧色神工，创制出象牙套球。除了金银器，各工艺门类的艺术成就都在这个时期达到了极致。

八、徽宗的艺术观与编谱、收藏活动

徽宗艺术帝国的收藏面对的是各类艺术品，其中以书画最为突出，紧随

的是各类文玩的编谱工程,既保留了徽宗等人的艺术观念,又是这个艺术帝国的"财富档案"。

(一) 徽宗与《宣和画谱》

宣和年间(1119—1125)是各类画科佳作集页成册和著录的峰顶,其中最辉煌的绘画集册是《宣和睿览》,最丰富的文字记述是《宣和画谱》(二十卷),遗憾的是前者已所剩无几,后者历代刻印不止,流传至今。

《宣和画谱》无编者姓名,完工于宣和二年(1120),徽宗是该谱的主持者和审定者,他制定了入选《宣和画谱》的艺术标准是:"其气格凡陋,有不足为今日道者,因以黜之,盖将有激于来者云耳。"强调绘画传自然之神,故将绘画作品的等级分为神、逸、妙、能。作者根据社会功用的重要程度将绘画依次分为十门:道释、人物、宫室、番族、龙鱼、山水、畜兽、花鸟、墨竹、蔬果,这是中国绘画史上最细微的分科方法。在每一门的后面,均有一篇《叙论》,概述该画科之要旨。在十门画科里著录了 231 位画家的生平事略及其6396 件绘画。徽宗不许著录他自己的画作,对宗族画家从严要求,仅录 11 位,姻亲画家仅两位,即王诜和曹氏,对他们的评价亦十分客观。可见编撰者奉御旨执掌着严格的艺术标准,这是一般编撰者所不敢为的。

《宣和画谱》是继唐代张彦远《历代名画记》之后最完整的绘画史籍,徽宗理论化了的绘画观念集中在《宣和画谱·序目》《御制叙》及十门画科的十篇《叙论》里,可挖掘出这个艺术帝国的艺术观念。

在《序目》里,作者提出了"艺之为道,道之为艺"的辩证观点,"志道之士"不能忘艺,"画亦艺,进乎妙"。徽宗肯定了绘画的社会功用:"于是将以识魑魅,知神奸,则刻之于钟鼎;将以明礼乐,著法度,则揭之于旂常。而绘事之所尚,其由始也。"他进一步区别了绘画与文字有着不同的社会功用:"竹帛不足以形容盛德之举,则云台麟阁之所由作,而后之览观者,则足以想见其人。是则画之作也,善足以观时,恶足以戒其后,岂徒为是五色之章,以取玩于世也哉。"他"得玩心图画,庶几见善以戒恶,见恶以思贤,以至于多识虫鱼草木之名"。作者提出花鸟、草虫类绘画是在认知善、恶之余,兼带而已。

（二）徽宗与《宣和书谱》

《宣和书谱》（二十卷），是"宋徽宗时内臣奉敕撰"，代表了宋徽宗的书学审美观，著录了汉魏以降 197 位书家的 1344 件书法佳迹。此书的编撰与蔡京、蔡卞关系最为密切，他们嫉恨"元祐党人"，剔除了宿敌苏轼、黄庭坚的墨迹。蔡京还借编务之便，将自己和其弟蔡卞塞进《宣和书谱》里。整个北宋赵宋家族，擅书者不下几十，仅有益端献王一人入《宣和书谱》，可见徽宗对族人书艺要求之苛严。以蔡京的为人，他决不会在《宣和书谱》里漏记徽宗及其诸子，必定是徽宗力戒此举。

《宣和书谱》分别以篆、隶、正、行、草、八分书六种书体著录了六朝至北宋名家法书的传记和书评及藏品，都有一番关于该书体演变历史的论述，作者十分注重以当时的出土文物来进行论证。总合起来，全书近乎一部书法简史。

（三）徽宗与其他图谱

在宣和年间之前，集艺成谱已经开始盛行，不仅艺术类是如此，其他如农科、医科和园艺科等均更为详尽，如欧阳修的《洛阳牡丹记》、曾安止的《禾谱》、蔡襄的《荔枝谱》等，反映了宋代丰富的学科和开阔的领域以及分类学进入了深入细致的科学阶段。在艺术行业里则更是如此，除了画谱和书谱外，还有印谱、博古谱等。与书画谱不同的是，印谱、博古谱更具有谱系化的特征。

相传宋徽宗敕编《宣和印谱》（四卷），应该是中国皇室最早的印谱，是后世编辑印谱的稿本，惜佚。大观年间（1107—1110），徽宗命王黼等编绘宣和殿所藏古彝器，成《宣和博古图》（三十卷），绘制了瓷、铜、玉、石等各种古器物的图画，其中还包括以古器物图形装饰的工艺品，统称为"博古图"，考辨其款识后编辑成册，此系杂画的一种，或以博古题材制作成挂屏、屏风等。

（四）徽宗的艺术收藏

宋徽宗收藏的历代艺术品可谓旷古未有。秘阁是"六阁"之一，藏有古今经籍、图书、国史、实录、书画等，自徽宗朝起，增加了奇珍异宝诸器用等。

徽宗敕编《秘阁书画器物目》,现版本不详,仅见于宋尤袤《遂初堂书目》著录。

据蔡京第三子蔡絛所见所闻,赵佶对法书的收求程度不亚于名画,他"及即大位,于是酷意访求天下法书图画。自崇宁始命宋乔年侍御前书画所,乔年后罢去,而继以米芾辈。迨至末年,上方所藏率举千计,实熙朝之盛事也。吾以宣和岁癸卯(1123),尝得见其目,若唐人用硬黄临二王帖至3800余幅。颜鲁公墨迹至800余幅,大凡欧、虞、褚、薛及唐名臣李太白、白乐天等书字,不可胜会,独两晋人则有数矣。至二王《破羌》《洛神》诸帖,真奇殆绝,盖亦为多焉"①,使得徽宗的"秘府之藏,冲牣填溢,百倍先朝"②。据邓椿《画继》卷一载,徽宗将上至三国,下至宋初画家的画作分为十四门,集为一百秩,名曰《宣和睿览》,是《宣和画谱》著录的基本来源,为宫廷书画收藏史之盛。其中最早的藏品"以曹不兴《元女授皇帝兵符图》为第一"③。

除秘府之外,徽宗在翰林院也有收藏,他登基不久,就命宋乔年编著《翰林画录》(一卷),记述了翰林院储藏的绘画和在画院供职者的图画。④

徽宗对书画艺术的热衷是全面周到的,体现在每一个细微之处,并形成规范。如他建立了一整套皇家收藏书画的矩度,十分严格且明了,具体到加钤皇家书画收藏印的位置,还有他以瘦金书为藏品书写具有鉴定性的题签。

"宣和装"是在宣和年间由宋徽宗钦定的书画装裱独特的形式,其手卷的标准格式为五段:第一段为天头,用青绿色绫。第二段为前隔水,用黄绢。第三段为画心。第四段为后隔水,亦用黄绢。第五段为拖尾,用白纸。两头的轴头凸起。其立轴的装潢形式与手卷相同,上下分别为天头和地头,各与上下绫隔水相接,天头上加惊燕。在材料上,以"青、紫大绫为裱,文锦为带,玉及水晶、檀香为轴"⑤。卷轴两边首次出现镶有深褐色的细边。现存的五代卫贤《高士图》轴、北宋梁师闵《芦汀密雪图》卷(皆藏于故宫博物院)等就

---

① (宋)蔡絛:《铁围山丛谈》卷四,第78页。
② (宋)邓椿:《画继》卷一,第1页。
③ (宋)蔡絛:《铁围山丛谈》卷四,第78页。
④ 谢巍:《中国画学著作考录》,上海书画出版社,1998年,第160页。
⑤ (元)陶宗仪:《南村辍耕录》卷二三,中华书局,1959年,第276页。

是宣和装的形式。在装裱艺术上,宣和装较唐代更完整、更具有艺术性,成为后世装裱艺术的典范。

徽宗的书画收藏常常被用作画院匠师的范本,他每旬日命御府将两匣图画押送至画院,向众匠师展示,还责令严禁出现污损,观者深感蒙恩。①

1126 年底,帝国的一切收藏连同其主人和制作者面临着一场灭顶之灾。

九、艺术帝国的结局

靖康元年闰十一月,金军包围了开封外城,先是数次向宋廷和开封府逼要财物、匠师和女色,临走前再进城入宫洗劫,这个帝国里的各类人才和历代藏品遭到了严重的流失:"(靖康二年正月二十五日)金人求索诸色人、金银,求索御前祗候、方脉医人、教坊乐人、内侍官四十五人……又要御前后苑作、文思院上下界、明堂所修内司军器监工匠……打造金银系笔、和墨、雕刻、图画工匠三百余家……令开封府押赴军前……如此者,日日不绝。"②按金人可恭撰写的《宋俘记笺证》,北押的近一万五千宋虏分为"七起"(七个批次)向金上京(今黑龙江哈尔滨阿城区南白城)方向押解。

靖康二年四月一日,决定徽宗最后命运的时刻到了,他被编排在第"七起"里,在金朝大将粘罕的押送下,他与部分子孙、从官、侍女一百多人离开了开封。

跟踪李唐在靖康之难中的遭遇可探知这个艺术帝国里多数艺术家的命运。当时有大量的中原百姓举家南渡,李唐的路线本应该是开封至临安,但李唐出现在黄河以北太行山的事实说明他有过被俘的经历。③ 根据金军"求索御前祗候"的标准,李唐在当时的职位会是祗候,④他与其他祗候和

---

① (宋)邓椿:《画继》卷一,第 3 页。
② (宋)邓椿:《画继》卷七,第 496 页。
③ 据(元)庄肃《画继补遗》卷下,萧照在太行山为盗时,抓到路过的李唐,"检其行囊,不过粉奁画笔而已,遂知其姓名。即辞群贼,随唐南渡"(人民美术出版社,1963 年,第 8 页)。陈传席《中国山水画史》据此断定李唐被俘过(江苏美术出版社,1988 年,第 338 页)。
④ 李唐南渡时的年纪约六十出头,见拙文《李唐与后李唐时代的山水画》,刊于 2019 年《故宫学刊》。

"打造金银系笔、和墨、雕刻、图画工匠三百余家"会被编在第"六起"里。其中"贡女三千一百八十人、诸色目三千四百十二人"①,为徽宗代笔的原画学生徒们作为"图画工匠"也会在其中,他们与第"七起"的徽宗同天启程,被押往北方。徽宗是绕道太原再到燕山,第"六起"走的是直线,穿过华北平原,于"五月二十七日抵燕山,实存贡女二千九百人,诸色目一千八百人"②。一个多月1300多里的路途,第"六起"宋俘的死亡率为28.7%,可以想见其艰辛和受辱的程度,金军不得不卖掉妇女、放归百工,"分其半(财物)至上京"③。《呻吟语》记载得更详细:"……点验后,半解上京,半充分赏,内侍、内人均归酋长。百工诸色各自谋生。妇女多卖娼寮。器物收储三库,车辂皆留延寿寺。"④李唐就在这各自谋生的百工里,他没有从原路返回,很可能是想回故里河阳(今河南孟州)一趟。李唐贴着太行山麓东侧向西南方向行进,出了太行山区,就是其故里,这才有了他南逃途径太行山收萧照为徒的史实,他们最后抵达了临安。

1127年,高宗建立了南宋,为恢复宫廷绘画活动,招募了宣和画院的老待诏杨士贤、朱锐、李端、刘宗古、苏汉臣、阎仲、周仪等回宫复职作画,这些待诏很可能是年纪偏大的原因,没有被金军掳走。

金军摧垮了宋朝的半壁江山,同时也摧毁了徽宗以四分之一个世纪营造起来的艺术帝国。这意味着一个国家的文化艺术必须与政治、军事、经济等协调发展。徽宗过于轻看了当时的内忧和外患,加上崇信的道教致使误国以及用人严重失误,北宋"六贼"投其所好,引诱他走向靡费的深处并趁机营私擅权,使徽宗在二十六年的统治期内,常陷身于亲身体验各类艺术创作、终日享受各类艺术成果,并代行诸多艺术机构的具体职能,彻底失去了

---

① (宋)确庵、耐庵编,崔文印笺证:《靖康稗史笺证》之(金)可恭《宋俘记笺证》,中华书局,2010年,第249页。

② 佚名:《呻吟语笺证》,《靖康稗史笺证》之六,第199页。可恭作五月二十七日抵燕山。

③ (金)可恭:《宋俘记笺证》,第249页。宣和之宝有不少成为金章宗的藏品,有的出现在宋金榷场里,回到南宋,也有的散佚在南逃人群里,后进入江南市场,为高宗派员四处搜寻购回。

④ 佚名:《呻吟语笺证》,《靖康稗史笺证》之六,第199页。

一个国家君王所应有的政治担当。他的肖像,早已显现出其宿命的政治结局。徽宗营造、管理的这个艺术帝国有许多成功的事例,但最终以半壁江山的代价换来了成功的失败,沦为北宋灭亡的殉葬品。有关徽宗及其艺术帝国,可借鉴、记取、反思的历史实在是太多、太多……

故宫藏(传)唐《六逸图》中宋人的再创作

帅 克

(浙江大学城市学院浙江历史研究中心)

内容提要：故宫博物院藏传(唐)陆曜《六逸图》一般被认为是宋摹本。《六逸图》中的"金貂换酒"一段，人物服饰与贮酒器为典型的宋代风格，图中人物以进贤冠簪貂，反映的也是宋代才出现的制度，因此这段图像为宋人临摹原作时自行添绘的。宋人在摹本中绘制体现本朝特色的器物，但同时亦绘制了汉晋样式的进贤冠，使得添绘的内容呈现出古今杂糅的面目。这既是因为宋人对"古制"有了充分的了解，也是基于"本朝之制合于古制"的认识。宋代曾流传十余幅《六逸图》，应都系古画的摹本，但仅有故宫《六逸图》完整流传至今。

关键词：《六逸图》；摹本；再创作；宋画；进贤冠

引　言

故宫博物院藏题为唐代画家陆曜(一作"陆庭曜")作品的《六逸图》，描绘了汉晋间马融、阮孚、边韶、陶潜、韩康、毕卓等六位隐逸之士的形象与相关典故。萧燕翼先生从艺术风格与绘画手法等方面判断，该作品是宋人据陆庭曜的原作临摹的；[①]余辉则从笔法、用线的风格判断此图摹自唐以前的粉本；[②]班宗华认为，八集堂收藏的《边韶昼眠》为唐代《六逸图》的残本，且

---

① 萧燕翼：《唐陆曜〈六逸图〉记》，《紫禁城》1991年第5期，第42—44页。
② 余辉主编：《晋唐两宋绘画·人物风俗》，上海科学技术出版社、商务印书馆，2005年，第68页。

很可能就是故宫《六逸图》的底本。① 总之,相关研究都认为此《六逸图》为宋人摹本无疑。众所周知,古人临摹前代绘画时,往往尽力模仿原作中人物与器物的形象。据此,此宋摹《六逸图》中,"六逸"之衣冠、器具,应具唐代风格,甚或有魏晋遗风。例如扬之水先生指出,《六逸图》"边韶昼眠"中的隐几是汉以来的形制,与宋制不同(图1),②再如《六逸图》中边韶身旁的童子,其形象与晚唐孙位《高逸图》中王戎身旁的童子形象一致(图1、图2)。林树中据此分析此图中的人物形象与东晋顾恺之时代"七贤"形象有传承关系。③ 总之,作为一幅摹自唐甚至唐以前作品的宋画,故宫《六逸图》中的人物装束、器物陈设等,都应反映出宋以前的"古制"。

图1　传(唐)陆曜《六逸图》中边韶的隐几与身旁的童子(故宫博物院藏)

　　然而此《六逸图》中阮孚右侧的侍从及其身旁的酒瓶,并非宋以前的形象。这显示宋人在临摹《六逸图》时,可能添绘了原作无有的内容。此种添

---

① 班宗华:《一件新发现的唐代绘画作品?》,《新民晚报》2007年6月16日。
② 扬之水:《关于"边韶昼眠"》,《文汇报》2007年5月27日。
③ 林树中:《从〈七贤图〉到〈六逸图·边昭昼眠〉》,《中国书画》2012年第1期。

图2　(唐)孙位《高逸图》中王戎
身旁的童子(上海博物馆藏)

绘,并非一般临摹时的"依样画葫芦",而是"无中生有",本文将其称为临摹时的"再创作"。古人在临摹前代作品时,难免在临摹的作品中留下当代的痕迹,如陈葆真对历代《洛神赋》摹本的研究即指出了历代摹本的特征与对前作的继承和改变,①而本文所指的"再创作",并非指《洛神赋》等作品的整体临摹,主要指摹本对原作的添加或补充。

本文即以《六逸图》为例,结合文字史料、考古发现与传世作品,考察宋人在摹本中"再创作"。本文先通过分析《六逸图》"金貂换酒"中侍从与酒瓶的形象,论证这一段图像为宋人结合本朝风俗制度与自身对"古制"的理解添绘于摹本之上,进而分析宋人在摹本中进行以上"再创作"时的特点与心态,最后考察见于文献记载的诸种《六逸图》并总结其特点。

一、"续貂":《六逸图》中的"金貂换酒"

《六逸图》中每位人物旁题有篆书,指示该人物的姓名及事件。阮孚一段题字为"阮孚:着几屐者",篆字左侧一蓬发袒身男子正在制作木屐,即是"阮孚蜡屐"的典故(图3)。题字右侧,一侍从右手持进贤冠,左手执貂尾,足边立一瓶,此即阮孚"金貂换酒",典出《晋书·阮孚传》:

(阮孚)迁黄门侍郎、散骑常侍。尝以金貂换酒,复为所司弹劾,帝

---

① 陈葆真:《〈洛神赋图〉与中国古代故事画》,浙江大学出版社,2012年。

宥之。①

散骑常侍是士族清选之官,为时人所看重,而冠饰上的金蝉与貂尾,更是其身份地位的象征,阮孚将其拿去换酒,正是名士做派的体现。

图 3　传(唐)陆曜《六逸图》中的阮孚故事(故宫博物院藏)

细究"金貂换酒"的图像,便可发现问题:其中的服饰器物,皆系宋制。

(一) 服饰与酒瓶

绘画中的这位侍从,以巾裹头,穿圆领窄袖衫,着裤,这是绘画中典型的宋代一般市民、仆役形象(图 4)。其首服,既非隋唐之际的巾子软裹,亦非一般唐代男子的幞头。不过其上身所穿的圆领窄袖衫,自南北朝至宋都很流行,因此仅就其服饰尚不足以断定此人系宋人装扮。

再看其身旁小口、体长、丰肩的酒瓶,是典型的宋代釉陶酒瓶,为宋代官府用以贮存、运输酒类的容器。类似的釉陶酒瓶,在国内多有出土,最具代表性的即泉州多见的磁灶窑生产的"小口陶瓶"(图 5),在我国闽南、台湾澎

---

① （唐）房玄龄等:《晋书》卷四九《阮孚传》,中华书局,1974 年,第 1364—1365 页。

图4 (宋)张择端《清明上河图》中的
宋代市民(故宫博物院藏)

图5 南宋小口瓶(泉州海外
交通史博物馆藏,泉州宋船随
船出土物)

图6 传(唐)陆曜《六逸图》
中的酒瓶(故宫博物院藏)

湖,及日本与东南亚等地,多有出土。相关研究已论证,这些小口陶瓶就是南宋官府生产的贮酒器,随着对外贸易而散播海外。①

(二) 进贤冠与貂尾

图画中的侍从手持进贤冠与貂尾,反映出阮孚所任散骑常侍一职所享有的戴"貂蝉冠"的荣誉。貂蝉冠之制,源自赵惠文王"胡服骑射"的改制。目前所能追溯到的最早记载貂蝉冠制度的文献,出现于汉代,其时貂蝉冠为侍中、常侍所服用。至阮孚所处的两晋时期,散骑常侍自泰始年间已有"武冠,右貂,金蝉,绛朝服,佩水苍玉"的服制规定。②

但须注意的是,"貂蝉冠"并非一类单独的首服,而是在武冠之上加饰貂尾和金蝉而成。所谓"武冠",即武弁大冠。据孙机先生的研究,武弁大冠在汉代本来是由帻加弁组成的武官首服,至魏晋南北朝时成为正式的礼服、官服。期间,武冠中的"帻"由平上帻演变为平巾帻,"弁"由网巾状变成了笼状,成了"笼冠"。③ 此一时期的武冠,基础部分即平巾帻,而笼冠、附蝉与貂尾,都施加于其上。由南北朝直至隋唐,以平巾帻加饰笼冠、貂蝉的做法沿用不变(图7),亦有只在平巾帻上簪貂而不加笼巾的形象(图8)。

那么无论此《六逸图》的原作绘制于南北朝还是唐代,图中身为散骑常侍的阮孚,应当拥有一顶饰有貂蝉的平巾帻。这种大臣形象在南北朝至隋唐的绘画、雕塑作品中十分常见,甚至还有学者指出敦煌220窟北壁绘制于唐初的、头戴平巾帻的珥貂大臣就是散骑常侍(图8)。④

但《六逸图》中阮孚身旁侍从所执的冠却非武冠,而是有着颜题、展筩、

① 许清泉:《宋船出土的小口陶瓶年代和用途的探讨》,《海交史研究》1983年,第112—114页;曾萍莎、陈健鹰:《南宋泉州"酒库造碾"和"小口陶瓶"》,《海交史研究》2005年第2期,第113—116页。
② (唐)杜佑撰,王文锦等点校:《通典》卷二一《职官三》,中华书局,1988年,第552页。
③ 孙机:《进贤冠与武弁大冠》,《华夏衣冠:中国古代服饰文化》,上海古籍出版社,2016年,第38—69页。
④ 段文杰:《形象的历史——谈敦煌壁画的历史价值》《莫高窟唐代艺术中的服饰》,《段文杰敦煌石窟艺术论文集》,甘肃人民出版社,1994年,第127、276页。

图7 北魏宁懋石椁上的线刻人物,首服为平巾帻加笼冠、貂蝉(527 年。1931 年洛阳出土,现藏美国波士顿美术馆)

图8 敦煌 220 窟中的簪貂大臣,平巾帻,有貂尾而无笼巾(642 年以前)

图9　传(唐)陆曜《六逸图》中"金貂换酒"
侍从手中的进贤冠与貂尾(故宫博物院藏)

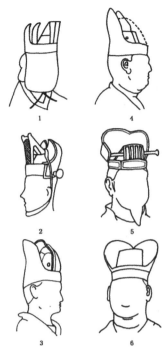

图10　孙机先生在《进贤冠
与武弁大冠》中整理的由晋
至唐进贤冠形制的演变

耳和梁的,类似汉晋样式的进贤冠(图9、图10)。进贤冠与武冠有不同的源流与使用人群。与武人所戴武冠不同,汉代进贤冠是"文儒者之服"①,至晋犹然。《晋书·舆服志》:

> 进贤冠,古缁布遗象也,斯盖文儒者之服……三公及封郡公、县公、郡侯、县侯、乡亭侯,则冠三梁。卿、大夫、八座尚书,关中内侯、二千石及千石以上,则冠两梁。中书郎、秘书丞郎、著作郎、尚书丞郎、太子洗马舍人、六百石以下至于令史、门郎、小史,并冠一梁……
>
> 武冠,一名武弁,一名大冠……左右侍臣及诸将军武官通服之。侍中、常侍则加金珰,附蝉为饰,插以貂毛,黄金为竿,侍中插左,常侍插右。②

由此可见,进贤冠是文官通用的首服,以梁数多寡分别尊卑,武冠仅限于"左

---

① (南朝宋)范晔:《后汉书》卷一二〇《舆服志》,中华书局,1965年,第3666页。
② (唐)房玄龄等:《晋书》卷二五《舆服志》,第767—768页。

右侍臣及诸将军武官",附蝉插貂的特权,仅限于戴武冠的侍中与常侍,散骑常侍亦属此类。

按唐代百官朝服之制,进贤冠与武冠的使用者仍旧不同。《旧唐书·舆服志》:

> 三师三公、太子三师三少、尚书秘书二省、九寺、四监、太子三寺、诸郡县关市、亲王文学、藩王嗣王、公侯,进贤冠。……门下、内书、殿内三省,诸卫府,长秋监,太子左右庶子、内坊、诸率,宫门内坊,亲王府都尉,府镇防戍九品以上,散官一品已下,武弁帻。侍中、中书令,加貂蝉,佩紫绶……是为朝服。①

享有"加貂蝉"特权的侍中、中书令,其首服为"武弁帻",即武冠。也就是说,无论是在阮孚生活的东晋,还是在《六逸图》人物粉本最早可能诞生的南北朝时期,乃至此《六逸图》原作诞生的唐代,貂尾都应当饰于武冠上,绝不会有以进贤冠簪貂的做法。

进贤冠簪貂之制,始于北宋。孙机与刘川渤等学者都注意到,在宋代,"貂蝉冠"之基础从武冠变成了进贤冠。② 本文在此基础上对宋代的簪貂之制再做梳理。《宋史·舆服志》:

> 朝服:一曰进贤冠,二曰貂蝉冠,三曰獬豸冠,皆朱衣朱裳。宋初之制,进贤五梁冠:涂金银花额,犀、玳瑁簪导,立笔……一品、二品侍祠朝会则服之,中书门下则冠加笼巾貂蝉。③

根据"中书门下则冠加笼巾貂蝉"的说法可知,所谓"貂蝉冠",是在等级最

---

① (五代)刘昫:《旧唐书》卷四五《舆服志》,中华书局,1975 年,第 1930—1931 页。
② 孙机:《中国古舆服论丛》(增订本),上海古籍出版社,2013 年,第 412—413 页;刘川渤:《试论中国古代冠蝉的演变》,《中国国家博物馆馆刊》2021 年第 5 期,第 57—68 页。
③ (元)脱脱等:《宋史》卷一五二《舆服四》,中华书局,1985 年,第 3550 页。

高的五梁进贤冠上加以笼巾貂蝉而成,这是宋初之制。元丰二年(1079)朝廷修订仪制,进贤冠的最多梁数从五调整到了七,笼巾与貂蝉亦成为七梁进贤冠上的装饰。①

进贤冠簪貂,最初是宋初朝廷制定仪制时的权宜之计:

> 建隆四年,范质与礼官议:"……案令文,武弁,金饰平巾帻,簪导,紫褶白袴,玉梁珠宝钿带,韠,骑马服之。金饰,即附蝉也。详此,即是二品、三品所配弁之制也。附蝉之数,盖一品九,二品八,三品七,四品六,五品五。又侍中、中书令、散骑加貂蝉,侍左者左珥,侍右者右珥……"奏可。是岁,造成而未用。乾德六年,郊禋始服,而冠未造,乃取朝服进贤冠、带、韠、履参用焉。②

宋初朝廷本欲以唐令为蓝本重建朝服制度,且很清楚平巾帻加貂蝉的做法,但乾德六年(968)太祖南郊时,"冠未造",只好权以进贤冠代之。从前文可以看出,这一权宜之计随后并未被纠正,反而在元丰二年的改制中被继承、完善了。

不唯文献记载如此,许多传世至今、绘制于宋以后的较严谨的宋人画像,如旧金山亚洲艺术博物馆藏元绘《赵鼎像》、南京博物院藏明绘《范仲淹像》、南薰殿藏《韩琦像》《司马光像》等,都十分形象地反映出宋代进贤冠加笼巾貂蝉的做法。③ 描绘北宋前期皇帝南郊的《大驾卤簿图》,在皇帝玉辂前绘制三十八位导驾官,其图记云:"官三十八员,进贤冠,本品朝服。"其中就有散骑常侍,头戴进贤冠,冠左侧插貂尾(图11)。④

---

① 《宋史》卷一五二《舆服四》,第3554—3555页。

② 《宋史》卷一五二《舆服四》,第3550—3551页。

③ 朱瑞熙:《传世范仲淹画像研究》,《第三届中国范仲淹国际学术论坛论文集》,2009年,第385—389页;颜晓军:《旧金山亚洲艺术博物馆藏〈赵鼎像〉研究》,《新美术》2014年第8期,第26—36页。

④ 《大驾卤簿图》原题为元代延祐五年所作,现一般认为实为北宋皇祐五年所制,反映的是北宋前期的卤簿规制。参陈鹏程:《旧题〈大驾卤簿图书·中道〉研究——"延祐卤簿"年代考》,《故宫博物院院刊》1996年第2期,第76—85页。

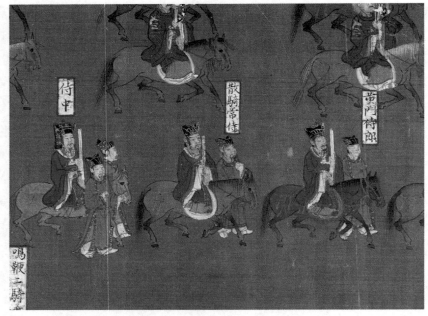

图 11 《大驾卤簿图》中担任皇帝导驾官的散骑常侍,进贤冠簪貂(国家博物馆藏)

简言之,在宋以前,貂蝉冠是平巾帻与貂蝉的结合,间或有笼巾;从宋代开始,貂蝉冠是进贤冠与笼巾貂蝉的结合。至此再回看《六逸图》中的那位手执进贤冠与貂尾的侍从,便可断定这一段图像出自宋人自创——宋以前的画师即使绘制"金貂换酒"故事,也绝不会画出貂尾与进贤冠的组合。

综上所述,《六逸图》中的"金貂换酒"一段,绘制了作宋代装束的侍从和用以贮酒的宋代釉陶酒瓶,侍从手中所执进贤冠与貂尾,反映了宋代才出现的以进贤冠簪貂的制度。此外,阮孚左侧的三足盘与圈足较宽的碗,显示出典型的唐代风格,呈现出与右侧宋代风格的差异,可见《六逸图》阮孚部分左侧的"阮孚蜡屐"保留了唐代原作的风貌,而右侧的"金貂换酒"一段图像,应是原作无有,宋人自行添绘的。

二、古今杂糅与以今度古:宋人在摹本中"再创作"的特点与心态

以上分析一方面能够进一步确定宋摹《六逸图》的创作年代,另一方面也显示出此卷作品存在宋人在原作无有的基础上"再创作"的内容。《六逸

图》作为古画的摹本,应当尽力保持原作的风格,而图中的进贤冠并非宋制,说明临摹者主观上确实希望摹本保持古画的面貌,但以进贤冠簪貂的做法与宋代风格的侍从装束和酒瓶还是显示出临摹者对古代风俗制度的了解有限。

故宫藏宋摹《女史箴图》的前三章,据余辉的考证,是在唐本残缺的情况下由宋人补绘的。余辉指出,宋摹《女史箴图》前三章中的人物衣纹风格、妇女发型发饰,与唐本的九段风格一致,有东晋余韵,这都是临摹者极力再现旧作风格的结果;但宋人在"卫女矫桓"一章中绘制的青铜彝器,并非魏晋时期常用的器物,这是热衷金石学的宋人的"超前"创作。① 如此,宋人在临摹《女史箴图》中的这一再创作,实际上与《六逸图》中绘制汉晋式样的进贤冠一样,是一种刻意的复古。

宋人为何在摹本的"再创作"中一面"超前"地绘制古代器物,一面绘制本朝器物,将这些异质的器物服饰兼容进来? 其实这反映的是宋人对"古制"的了解程度与古今制度关系的理解。

首先是对"古制"的了解。《女史箴图》"卫女矫桓"一章之所以出现古彝器,正是因为在金石学兴起的背景下,宋人对古代器物形制的了解程度达到了高峰,因此自信地在补绘时添上了几件古彝器。而《六逸图》中阮孚身旁侍从手中的进贤冠样式,既非唐制,亦非宋制,而是展筩消失之前的汉晋形制,也体现出宋人对古代冠式的了解。

至于那些出现在图中的反映本朝制度风俗的服饰,首先反映出宋人对古制的了解依旧存在盲点,如"金貂换酒"中的侍从装束与釉陶酒瓶之类。但这种因盲点而产生的错误并非是作者有意为之。以进贤冠簪貂,才是临摹者因刻意复古而导致的错误。这种做法,反映的是宋人对古今制度关系的理解。在新儒学兴起的宋代,士大夫们以"超唐轶汉""回向三代"为政治与文化领域的最高追求,②在衣冠礼乐制度的实践上亦是如此。从上文的

① 余辉:《宋本〈女史箴图〉卷探考》,《故宫博物院院刊》2002 年第 1 期,第 6—16 页。
② 余英时:《朱熹的历史世界:宋代士大夫政治文化的研究》,生活·读书·新知三联书店,2011 年。

讨论中不难看出,进贤冠簪貂之制,是自认为"本朝之治与三代同风"的宋人经过热烈讨论、精心制作而成并用于朝廷典礼、载之礼书的。因此,今人看来古今杂糅的摹本,在宋人看来却是十分和谐的。

简言之,对"古制"相对充分的理解与"本朝礼乐制度合于古制"的认识,让宋人自信大胆地在《六逸图》摹本中增添了诸多内容。以此看来,宋人在摹本中的"再创作"行为,实际上仍是"以今度古"的。但事实上,任何人都无法对古代制度风俗有全方面的了解,"以今度古"的做法永远存在当时人浑然不知的漏洞,本文正是在经由这些漏洞才得以发觉、观察宋人的在摹本中的"再创作"的。

三、宋代的诸《六逸图》

以上对故宫《六逸图》中宋人的"再创作"做了考证与分析。实际上,文献所见的流传于宋代的此题材作品应有十余幅,这些作品应有不少是宋人临摹的,亦有宋人自行创作的。本节即梳理宋代流传的诸《六逸图》或《逸人图》,进而分析此类作品在内容、风格上的相似与流变。

故宫(传)陆曜(或"陆庭曜")《六逸图》的最初名称,据卷首题名为《逸人图》,但检索文献,历来未有著录陆曜或陆庭曜名下有此作品,唯《宣和画谱》在韩滉名下有《逸人图》一,①推测应是与此《六逸图》相似的唐代"高士图"类型的画作。

实际上,现存史料反映出宋人收藏、创作了多副题为《六逸图》或《逸人图》的作品,故宫《六逸图》乃其中之一。《宣和画谱》在五代画家陆晃、丘文播名下记有五幅《六逸图》,其中丘文播名下有四幅,可见这种题为《六逸图》的作品在宋代存留较多。② 这些《六逸图》的大体内容、风格,可以从南宋中期的楼钥(1137—1213)的记载中一窥大概。楼钥《跋〈六逸图〉》:

---

① (宋)佚名著,王群栗点校:《宣和画谱》卷六,浙江人民美术出版社,2019年,第62页。
② 《宣和画谱》卷三,第37页;卷六,第66页。

　　孙登长啸　马融卧吹笛　陶潜漉酒巾

　　边韶昼眠　阮孚蜡屐金貂换酒　毕卓瓮下

　　雅　放　乐　畅　达　逸　苏子美书

　　顷在高炳如家，见案上有《六逸图》，意其为竹溪李白、孔巢父诸贤，阅之，乃孙登、马融、陶潜、边韶、阮孚、毕卓。此卷绝似，而有沧浪真迹，以六字目之，尤为可宝。余于此见渊明，又在馆中见唐人为太白写照，始知今世所画陶则状其远韵，李则极其俊气，殆出龙眠诸人意匠，未必真也。展玩未已，童子忽曰："岂《针灸图》耶？"坐客为之绝倒。①

　　此处楼钥提到了两幅《六逸图》。其一是之前在高文虎(字炳如，1134—1212)家中见到的，其二是此刻观赏的、曾被苏舜钦(字子美，1008—1049)题咏的("此卷")。二图"绝似"，"六逸"都为孙登、马融、陶潜、边韶、阮孚、毕卓。此二图与故宫《六逸图》相比，多出孙登，缺少韩康。二图所绘的都是汉晋高士，且人物应都是袒露身体的形象，以至于被童子当作《针灸图》。此外，每位人物都有标题，这和故宫《六逸图》相同。尤其阮孚的部分，既有"阮孚蜡屐"，又有"金貂换酒"，其形象应与故宫《六逸图》雷同。楼钥将此画中的陶潜形象与"今世"的陶潜对比，认为今世的陶潜为"龙眠诸人意匠"，与《六逸图》不同，这说明楼钥将此二图视为古画。

　　此外，楼钥还见过至少另两幅《六逸图》。其《跋扬州伯父〈赋归六逸图〉》云：

　　渊明联句　山谷西轩　真长望月

　　太白把酒　玉川啜茶　东坡题咏

　　尝见古画《六逸图》：孙登长啸、阮孚蜡屐、渊明以巾漉酒、韩伯休货

---

　　①　(宋)楼钥著，顾大朋点校：《楼钥集》卷七五《跋六逸图》，浙江古籍出版社，2010年，第4册，第1346页。

药、边孝先昼眠、毕卓瓮下，皆非同时，特取其逸耳，非若竹溪六逸之同游也。①

此处楼钥提到的"古画"《六逸图》，与高、苏二《六逸图》相比缺少马融，多出韩康，且阮孚并无"金貂换酒"。而楼钥题跋的《赋归六逸图》，则是其"扬州伯父"楼璹（1090—1162）的作品。楼璹为两宋之际的书画名家，绍兴二十五年（1155）知扬州，此《赋归六逸图》应作于此时。楼璹《赋归六逸图》中的人物为陶潜（渊明）、黄庭坚（山谷）、刘惔（真长）、李白（太白）、卢全（玉川）与苏轼（东坡）。从人物上不难发现，楼璹的"六逸"已不限于汉晋名士，已包含了唐代的李白、卢全与本朝的苏、黄，显示出楼璹对"六逸"题材的继承与创新。

此外，明代王鏊（1450—1524）曾见到一幅题为顾闳中《六逸图》的作品。王鏊《题顾闳中〈六逸图〉》：

> 旧题为渊明、孝先、毕卓、马融、阮咸，予为辨之如左。
> 闳中写六人像，皆取其旷逸，而渊明非其伦也。露卧者，其刘伯伦乎？所谓"枕曲藉糟吹篴"者，其桓伊乎？所谓"卧吹三弄"。题以为孝先、马融，非其时矣。缺题者，其嵇叔夜乎？所谓"目送归鸿"。妄意如此，惜不及与石田评之。②

此处王鏊说"惜不及与石田评之"，意谓他见到此画的时间，在正德四年沈周（号石田，1427—1509）去世之后，嘉靖三年（1524）王鏊去世之前。图中的"六逸"只有五人标有姓名，未标明的另一人，王鏊以为是嵇康。王鏊对旧题的人物提出了质疑，但其依据是旧题五人不是一个时代的（"非其时"），但这并不构成问题，因为此前诸《六逸图》中的人物都是"非其时"的。而且，旧题为

---

① 《攻媿集》卷六九《跋扬州伯父赋归六逸图》，第 1229 页。
② （明）王鏊：《震泽集》卷三五《题顾闳中〈六逸图〉》，《景印文渊阁四库全书》第 1256 册，台湾商务印书馆，1986 年，第 516 页。

"孝先"的人是"露卧"的形象,旧题为"马融"的人,是躺卧着吹奏乐器的形象(即王鏊所谓桓伊"枕曲藉糟吹篴""卧吹三弄"),这恰好与故宫《六逸图》中的"边韶腹笥五经"与"马融坦卧吹箫"一致。如此,"旧题"应是准确的,且王鏊所见《六逸图》与故宫《六逸图》中边韶与马融形象的相似性也显示,王鏊所见的这幅作品即使不是顾闳中真迹,也应当是宋以前的作品,或至少与故宫《六逸图》一样是宋以前作品的摹本,二者曾同时流传于世。

上述诸处文献中的《六逸图》,从文字描述的情况来看,都没有重复的,即使是《宣和画谱》中徒留名目的作品,也应不是楼钥、王鏊提到的那几幅,不然他们不会对作者以及作品曾入宣和内府的经历只字不提。至此,留存至今以及仅见于古人著录、题咏的《六逸图》或《逸人图》共有十三幅,见下表:

传世与文献中的《六逸图》与《逸人图》情况表

序号	画 名	作 者	人 物	备 注	收藏地/史料出处
1	《六逸图》(卷首题为《逸人图》)	(传)陆曜(陆庭曜)	马融、阮孚、边韶、陶潜、韩康、毕卓		故宫博物院
2	《六逸图·边韶昼眠》	佚 名	边韶	《六逸图》残本,推断为晚唐作品	刘九洲八集堂
3	《逸人图》	韩 滉	不详		《宣和画谱》卷六
4	《六逸图》	陆 晃	不详		《宣和画谱》卷三
5	《六逸图》	丘文播	不详		《宣和画谱》卷六
6	《六逸图》	丘文播	不详		《宣和画谱》卷六
7	《六逸图》	丘文播	不详		《宣和画谱》卷六
8	《六逸图》	丘文播	不详		《宣和画谱》卷六
9	《六逸图》	顾闳中	陶潜、边韶、毕卓、马融、阮咸、(嵇康)		《震泽集》卷三五
10	《六逸图》	佚 名	孙登、马融、陶潜、边韶、阮孚、毕卓	苏舜钦、楼钥题咏	《攻媿集》卷七七

续　表

序号	画　名	作　者	人　物	备　注	收藏地/史料出处
11	《六逸图》	佚　名	孙登、马融、陶潜、边韶、阮孚、毕卓	高文虎收藏	《攻媿集》卷七七
12	《六逸图》	佚　名	孙登、阮孚、陶潜、韩康、边韶、毕卓	楼钥曾见,"古画"	《攻媿集》卷七一
13	《赋归六逸图》	楼　璹	陶潜、黄庭坚、刘恢、李白、卢仝、苏轼	楼钥题跋	《攻媿集》卷七一

综合以上分析,除楼璹《六逸图》之外,诸《六逸图》或《逸人图》都被认为是宋以前的作品,即使是楼钥见到的三幅佚名作品,也呈现出与本朝李公麟风格("龙眠诸人意匠")不同的效果,被视作"古画"。但是,这些在宋代四处流传的《六逸图》应有不少是宋人摹本。故宫《六逸图》为宋摹本;楼钥所见的诸"古画"《六逸图》,既然有两幅"绝似",自不应排除至少有一幅为摹本的可能;《宣和画谱》中邱文播名下的四《六逸图》,应亦可能包含有摹本。从传世图像与文献记载来看,绘画风格与每位人物的形象都是相对固定的,如"边韶昼眠""马融吹笛""阮孚蜡屐"之类。这一方面说明这些图像摹自前朝原作或其他摹本,另一方面,"六逸"中的个别人物有出入,也显示宋人在临摹时亦有"再创作"的可能。楼璹《赋归六逸图》,未托名前人,且将"六逸"扩展至唐宋人物,是最大胆的创新。

诸《六逸图》或《逸人图》摹本的流行以及楼璹对"六逸"的传承和创新,都显示出该题材作品在宋代士人中的受欢迎程度极高,对当时的绘画创作也产生了不小的影响。不过,这些临摹的作品流传至今的只有八集堂与故宫的两幅,而故宫《六逸图》为唯一的完整作品。

结　语

作为摹本,宋摹《六逸图》本应尽力保持原作的风貌。但是,此《六逸图》的临摹者在临摹作品时增添了原作无有的内容,这就使"依样画葫芦"

的临摹变成了"无中生有"的再创作。不可否认,临摹者极力使再创作的内容与原作风格保持一致,但是符合创作者心目中"古制"的这部分内容,仍旧显示出了宋代风格,刻意的复古最终使作品呈现出古今杂糅的面目,这反映出临摹者对古代制度风俗的有限了解与对古今关系的看法。从现存文献上看,"六逸"题材的绘画在宋代一度十分流行,大多都是古画的摹本,内容与风格亦都十分相似,唯独楼璹的作品,将"六逸"扩展至唐宋人物。今宋摹《六逸图》乃是当年流行的众多《六逸图》或《逸人图》中唯一完整流传至今的作品。

杭州西湖群山中的南宋攒宫与
攒所寺院的初步研究[*]

方 忆 杜晓俊

（杭州西湖博物馆总馆）

内容摘要：由绍兴南宋六陵的攒宫制度展开，依据《咸淳临安志》《武林旧事》《宋史》《建炎以来朝野杂记》《宋会要辑稿》等文献记载，对杭州西湖群山中充作南宋后攒、园、攒所的寺院资料进行初步整理和研究，考证所葬人物与皇家的关系。同时，根据《咸淳临安志》中的宋版《西湖图》（复原图）对其地理位置进行标注，将文献中的相关数据与宋六陵的考古发掘信息作比对，再对四皇后"后攒"及二太子"园"的文献记载进行初步分析，阐明其与"五音姓利""昭穆葬"的关系，以期对南宋皇家的丧葬制度以及西湖周边寺院的位置分布和功能变化的研究起到抛砖引玉的作用。

关键词：杭州西湖；南宋；攒宫；攒所；寺院

2022 年 7 月 15 日，"国音承祚——宋六陵考古成果展"在杭州西湖博物馆总馆南宋官窑馆区顺利开幕，展览为期五个月之久。在展览开展前的准备期间，笔者作为策展人之一研读了相关史料与研究论文，并参与了展览文案的撰写，对绍兴宋六陵①的攒宫制度产生了浓厚的兴趣，并由此萌生了

———————————

＊ 本文在撰写过程中承蒙浙江省文物考古研究所宋六陵遗址考古项目领队李晖达副研究员的多次启发与鼓励。文中尚存在诸多不足之处，期待同行间的交流与指正。

① 宋六陵：位于今浙江省绍兴市区东南约 18 公里的富盛镇赵家岙的宝山南麓。先后建有七帝、七后，共 14 座"攒宫"陵园，即宋哲宗的孟皇后、宋徽宗及其郑皇后、韦皇后，宋高宗及其邢皇后、吴皇后，宋孝宗及其谢皇后、宋光宗、宋宁宗及其杨皇后、宋理宗、宋度宗。

整理杭州西湖群山中的攒宫寺院的想法。

一、研究缘起

　　所谓"攒宫",指大丧前期的停灵殡殓阶段,是临时覆盖梓宫的木构外椁,其四周以柏木堆垒成框形结构的四阿顶木屋造型,故本字作"欑"。它是先秦以来儒家提倡的丧礼中殡殓仪式的重要组成部分,并在唐代被制度化,在宋代得到继承并进一步发展。北宋时,历代皇帝去世后,在下葬前均建有攒宫,称为"殿攒",使用时间在五个月至六个月左右。攒殡之后,复有启攒环节,其后才是出殡,正式下葬帝陵。① 南宋时期的帝王攒宫制度与北宋相比有其特殊性。宋室南渡之后,由于回归中原的政治抱负始终难以实现,绍兴宋六陵的攒宫已经不再是原来意义上的"殿攒",而成为依托北宋帝陵选址旧制且按中原"五音姓利"②法则进行帝陵营建的特殊皇陵案例。在南宋都城临安(今浙江杭州市)也出现了一类比较特殊的攒宫、攒所。这些被冠名"攒宫"及"攒所"的处所,都位于今杭州西湖周边群山之中的寺院内,其主人的身份上至皇后、太子,下至皇亲国戚,都拥有大宋皇家正统的血脉或与皇室有着深刻的血缘关联。出于皇家殡葬礼仪的需求且对法统的继承与维护,这些充攒的寺院实际上也是不折不扣的皇家陵寺或坟寺。③

　　关于南宋皇陵及宋代攒宫制度的研究,随着近年来绍兴宋六陵考古发掘阶段性成果的发布,关注和研究的学者不在少数,④但散落在杭州西湖

---

① 李晖达:《五音姓利、攒宫与南宋帝陵》,载包伟民等著:《在田野看见宋朝》,浙江古籍出版社,2022年,第125、126页。

② 五音姓利:在北宋王洙等编撰的官修堪舆书《地理新书》中,把人们的姓氏分成宫、商、角、徵、羽五音,再将五音与五行(土、金、木、火、水)四方相联系,推断与其姓氏对应的阳宅、阴宅方位吉凶,即所谓"大利向"。北宋时期,"五音姓利"作为官方的堪舆术系统,为皇室、士大夫、官员及富裕平民阶层所遵循,在中原北方地区流行以"五音姓利"原则指导墓地的选址。

③ 白文固:《宋代的功德寺和坟寺》,《青海社会科学》2000年第5期,第76—80页。

④ 刘毅:《宋代皇陵制度研究》,《故宫博物院院刊》1999年第1期,第67—82页;郑嘉励:《南宋六陵诸攒宫方位的复原意见》,《考古与文物》2008年第4期,第63—68页;刘毅:《南宋绍兴攒宫位次研究》,《考古与文物》2008年第4期,第52—62页;刘毅:《关于宋宁宗永茂陵位置问题的再思考》,《江汉考古》2014年第2期,第89、90—97页;刘未:《宋代皇陵布局与五音姓利说》,《浙江大学艺术与考古研究(第三辑)》,浙江大学出版社,2018年,第165—190页;浙江省文物考 (转下页注)

群山中的攒宫及攒所寺院的研究者甚少,且基本都围绕宋代功德寺院经济、寺院功能、寺院建筑格局等展开探讨,也有涉及寺院与皇家关系的互动等内容。其中较早对宋代功德坟寺进行研究的可见台湾学者黄敏枝,他在《宋代佛教社会经济史论集》第七章中的"宋代的功德坟寺"中探讨了功德坟寺的起源及其功能、性质,以及功德坟寺与政府的关系。①其他如汪圣铎的《宋代的功德寺观浅论》中只用仅少的篇幅论述了皇家功德寺院——陵寺的功能;②白文固的《宋代的功德寺和坟寺》按功德寺及坟寺的分类解读了南宋临安城的攒宫、攒所寺院,并对南宋临安城的寺院情况进行了简单的统计;③钟强的《宋代功德寺研究》则较为系统地对宋代功德寺制度、功用等进行了梳理,其中有涉及宋代皇家陵寺的讨论;④孙旭的《宋代杭州寺院研究》则更有地域指向,在梳理杭州两宋寺院发展的历史背景和社会条件的基础上,对其地理分布、建筑设施和布局以及诸社会阶层与寺院之间的关系等进行了分析,其中有提及两宋皇室与杭州寺院的关联等,并依据《咸淳临安志·寺观》,整理了杭州城内外的寺院信息;⑤对南宋攒宫寺院研究最有针对性的是成荫的《南宋攒宫寺院的创建背景》,文中不但概述了两宋陵寺制度,还分析了南宋攒宫制度的合法性和正统性,也探讨了南宋皇陵安葬制度的变化,并特别指出:"从孝宗郭皇后开始,南宋孝宗、光宗、宁宗的皇后若先死于其夫皇帝,

---

(接上页注)古研究所,绍兴市文物考古研究所:《浙江绍兴宋六陵陵园遗址 2018 年考古发掘简报》,《考古与文物》2021 年第 1 期,第 85—93 页;李松阳、马力、徐怡涛、李晖达:《宋六陵一号陵园遗址建筑复原研究》,《考古与文物》2021 年第 1 期,140—152 页;李晖达:《五音姓利、攒宫与南宋帝陵》,载包伟民等著《在田野看见宋朝》,第 125、126 页。此外,比较突出的尚有葛国庆在其文集中专门辟文论述宋六陵,见《若耶集——越文化与宋六陵述论》下篇,北京艺术与科学电子出版社,2013 年;郑嘉励在其专著《读墓——南宋的墓葬与礼俗》的第三章也专门论述了宋六陵,浙江人民出版社,2022年。

① 黄敏枝:《宋代佛教社会经济史论集》,学生书局,1989 年,第 241—289 页。
② 汪圣铎:《宋代的功德寺观浅论》,《许昌师专学报(社会科学版)》1992 年第 3 期,第 37—42 页。
③ 白文固:《宋代的功德寺和坟寺》,《青海社会科学》2000 年第 5 期,第 76—80 页。
④ 钟强:《宋代功德寺研究》,浙江大学硕士学位论文,2018 年,第 12、13 页。
⑤ 孙旭:《宋代杭州寺院研究》,上海师范大学博士学位论文,2010 年,第 119—130 页。

则一律不能附葬于前朝皇帝的陵墓,而是另行在杭州寺院建置攒宫,攒宫寺院因而得以产生。"①

本文对杭州西湖周边的攒宫、攒所寺院进行一些史料的整理和量化统计,并考证入葬人物与皇家的关系,就这些攒宫、攒所的选址及地理位置进行初步的分析,以期对南宋攒宫制度及西湖周边寺院的研究进行一些拓展性思考,为今后的研究起到抛砖引玉的作用。

二、关于杭州西湖群山中的南宋后攒、园、攒所的统计及基本信息分析

以下表格按寺院的攒宫类别、人物身份、与皇家关系以及死亡时间、充攒时间等综合因素排序。

我们分别从《咸淳临安志》《武林旧事》《宋史》《建炎以来朝野杂记》《宋会要辑稿》等文献中整理出 26 处有明确表明"攒宫""攒所"字样的攒宫及攒所寺院。按《咸淳临安志》卷十四中的类别和等级区分,有三个等级:即第一类为皇后的"后攒",第二类为太子的"园",其余嫔妃、皇子、皇女、皇孙、皇姑、皇叔等的充攒处均为"攒所"。关于所葬人物的考证以及与皇家的关系,根据史料记载,有的人物身份十分明确,有的需要做出一些推测和分析,有的则难以判别或无具体记载。根据相关史料,我们对无法确定的人物身份在表格中以问号的形式列出。

关于"后攒",四位皇后的身份及生平信息十分明确。具体史料可见《宋史》②《建炎以来朝野杂记》③《宋会要辑稿》④等史料。两位太子的生平分别可见《宋史》⑤和《建炎以来朝野杂记》⑥。

---

① 成荫:《南宋攒宫寺院的创建背景》,《文史杂志》2013 年第 4 期,第 56—58 页。
② (元)脱脱等:《宋史》卷二四三《列传第二·后妃下》,中华书局,2010 年,第 7177—7180 页。
③ (宋)李心传撰,徐规点校:《建炎以来朝野杂记》甲集卷一《上德·后妃王主宗室附》,中华书局,2000 年,第 37—40 页。
④ (清)徐松辑:《宋会要辑稿·后妃一·皇后皇太后》,第 224、225 页。
⑤ (元)脱脱等:《宋史》卷二四五《列传第四·宗室二》,第 7233、7235 页。
⑥ (宋)李心传撰,徐规点校:《建炎以来朝野杂记》甲集卷一《上德·后妃王主宗室附》,第 46 页。

杭州西湖群山中的南宋后妃攒、园、攒所的统计信息表

序号	寺院名称及始建时间	文献中记载地理位置	攒官类别	所攒之人及生卒年	与皇家关系	死亡时间及祔攒时间
1	修吉寺(旧额"瑞龙"),天成二年(927)建①	一说在钱湖门外三里南山②；一说在临安府钱塘县南屏山③	后攒	成穆郭皇后(1126—1156)	宋孝宗皇后郭氏,孝宗正配,宋光宗生母	绍兴二十六年(1156)六月二日崩,十二月二十七日攒临安府钱塘县南屏山
				成恭夏皇后(1136—1167)	宋孝宗皇后夏氏,孝宗继配	乾道三年(1167)六月二十五日崩,闰七月二十一日攒临安府钱塘县南屏山
				慈懿李皇后(1144—1200)	宋光宗皇后李凤娘,宋宁宗生母	庆元六年(1200)六月四日崩,八月二十日攒临安府钱塘县南屏山
2	广教寺④	一说广教院(旧额"香刹")在南山方家峪口⑤		恭淑韩皇后(1165—1200)	宋宁宗皇后韩氏	庆元六年(1200)十一月崩,明年(1201),葬于慈懿皇后攒宫之东广教寺(《建炎以来朝野杂记》)；庆元六年(1200)十一月七日崩,十二月二十日攒临安府钱塘县南屏山⑥(《宋会要辑稿》)

① (宋)潜说友:《咸淳临安志》卷七八《寺观四·寺院·城外·净慈至龙井》《杭州文献集成》第41册,浙江古籍出版社,2017年,第720页。

② (宋)潜说友:《咸淳临安志》卷一四《行在所录·攒宫》,第163,164页。

③ (清)徐松辑:《宋会要辑稿》后妃一·皇后皇太后,中华书局,1957年,第224,225页。

④ (宋)李心传撰,徐规点校:《建炎以来朝野杂记》甲集卷二《郊庙宫祠观陵寝·成肃、成穆、慈懿、恭淑四攒宫》,第85页。文献中提到恭淑皇后"明年(1201),葬于慈懿皇后攒宫之东"教寺",其他史料都写明恭淑皇后的攒宫寺院为修吉寺。

⑤ (宋)潜说友:《咸淳临安志》卷七八《寺观四·寺院·城外·净慈至龙井》第720页。此处所指广教院是否就是广教寺,还有待进一步考证。

⑥ (清)徐松辑:《宋会要辑稿》后妃一·皇后皇太后,第224,225页。

续表

序号	寺院名称及始建时间	文献中记载地理位置	攒宫类别	所攒之人及生卒年	与皇家关系	死亡时间及充攒时间
3	宝林院(旧额"总持"),开宝六年(973)建①	在钱湖门外二里②	同	庄文太子(1144—1167)	宋孝宗长子赵愭,母成穆郭皇后	乾道三年(1167)秋薨,充攒所香火院
4	法因院(旧额"报慈"),长兴四年(933)建③	在庄文园之右④	同	景献太子(1192—1220)	宋太祖十一世孙,宁宗亲子赵询	嘉定十三年(1220)八月薨,充攒所
5	显明院(旧名"兴福保清"),广顺二年(952)建⑤	在栖霞岭之南⑥	攒所	太傅仪王仲湜(1073—1137)	楚荣王赵崇辅之子赵仲湜	绍兴七年(1137)薨,为攒所
6	禅宗院(喜鹊寺)⑦,开运三年(946)建⑧	在葛岭⑨		婉仪魏氏(?—1143)	宋哲宗婉仪魏氏	绍兴十三年(1143)十二月薨,绍兴十四年(1144)葬于法堂

① (宋)潜说友:《咸淳临安志》卷七八《寺观四·寺院·园》,第720页。
② (宋)潜说友:《咸淳临安志》卷一四《行在所录四》,第164页。
③ (宋)潜说友:《咸淳临安志》卷七八《寺观四·寺院·园》,第720页。
④ (宋)潜说友:《咸淳临安志》卷七八《寺观四·寺院·园》,第720页。
⑤ (宋)潜说友:《咸淳临安志》卷七九《寺观五·寺院·山川七·岭·城内外》,第310页。
⑥ (宋)潜说友:《咸淳临安志》卷二八《山川七·岭·城内外》,第736页。
⑦ (宋)周密:《武林旧事》卷五《湖山胜概·葛岭路》,(宋)孟元老等著,周峰点校:《东京梦华录(外四种)》,文化艺术出版社,1998年,第396页。
⑧ (宋)潜说友:《咸淳临安志》卷七九《寺观五·寺院·自钱塘门路由北山至九里松》,第734页。
⑨ (宋)周密:《武林旧事》卷五《湖山胜概·葛岭路》,第396页。

续表

序号	寺院名称及始建时间	文献中记载地理位置	攒宫类别	所葬之人及生卒年	与皇家关系	死亡时间及充攒时间
7	资德院，绍兴二十三年(1153)建①	在葛岭②		贵妃慕容氏(1073—1152)	宋哲宗贵妃慕容氏	绍兴二十二年(1152)薨，绍兴二十三年(1153)葬建为坟寺
8	慈圣院(旧名"慈云")，乾祐元年(948)建③	在北山路④	攒所	贵妃潘氏(？—1148)	宋高宗贵妃潘氏，元懿太子母	不详
				贵妃陈氏(不详)	不详，或为宋高宗贵妃陈氏？	不详
				贵妃李氏(不详)	不详，或为宋高宗贵妃李氏？	不详
9	崇先褒庆寺，始建时间不详，开庆元年(1259)赐今额⑤	在儿门		皇叔祖少师嗣濮王(1093—1180)	濮安懿王赵允让曾孙赵士嶙，追封安王	淳熙七年(1180)十月薨，充攒所

① (宋)潜说友：《咸淳临安志》卷七九《寺观五·寺院·城外·自钱塘门路由北山至九里松》，第738页。

② (宋)周密：《武林旧事》卷五《湖山胜概·葛岭路》，第398页。

③ (宋)潜说友：《咸淳临安志》卷七九《寺观五·寺院·城外·自钱塘门路由北山至九里松》，第737页。

④ (宋)周密：《武林旧事》卷五《湖山胜概·北山路》，第392页。

⑤ (宋)潜说友：《咸淳临安志》卷之七七《寺观三·寺院·城外·自慈云岭郊台至嘉会门泥路龙山》，第709页。

续　表

序号	寺院名称及始建时间	文献中记载地理位置	攒官类别	所葬之人及生卒年	与皇家关系	死亡时间及充攒时间
10	净教院，乾道（1165—1173）中建①	在方家峪②		贵妃蔡氏（？—1185）	宋孝宗贵妃蔡氏	淳熙十二年（1185）秋薨，充攒所
11	刘庵（后归龙井寺），始建时间不详③	在龙井	攒所	刘婉容（？—1187）	宋高宗婉容刘氏	淳熙十四年（1187）薨，充攒所
12	永宁崇福院（原系内侍陈源花园，献重华宫为小隐御园）④	寺前有洞曰"双峰"，又曰"金沙"		贵妃张氏（？—1190）	宋高宗贵妃张氏	绍熙元年（1190）薨，充功德院，为坟寺
13	西莲瑞相院（旧名"西莲"），显德元年（954）建⑤	在方家峪⑥		贵妃黄氏（？—1191）	宋孝宗和义郡夫人，宋光宗贵妃黄氏	绍熙二年（1191）冬十一月，为皇后李氏所杀

① （宋）潜说友：《咸淳临安志》卷七《寺观三·寺院[城外一]·方家峪》，第715页。
② （宋）周密：《武林旧事》卷五《湖山胜概·方家峪》，第382页。
③ （宋）周密：《武林旧事》卷五《湖山胜概·小麦岭》，第386页。
④ （宋）潜说友：《咸淳临安志》卷九《寺观五·寺院·城外·自钱塘门路由北山至九里松》，第737页。
⑤ （宋）潜说友：《咸淳临安志》卷七《寺观三·寺院[城外一]·自方家峪至慈云岭》，第714页。
⑥ （宋）周密：《武林旧事》卷五《湖山胜概·方家峪》，第382页。

续表

序号	寺院名称及始建时间	文献中记载地理位置	攒宫类别	所攒之人及生卒年	与皇家关系	死亡时间及充攒时间
14	弥陀兴福教院，淳熙（1171—1189）初创建①	上天竺空闲山地		皇子褒王（1196—1196）	宋宁宗皇子赵埈，母恭淑韩皇后	庆元二年（1196）八月薨，葬北山宝林寺，后移弥陀兴福院充攒所
				皇子邠王（1200—1200）	宋宁宗皇子赵坦，母恭淑韩皇后	庆元六年（1200）八月薨。九月，葬弥陀兴福院
15	六通慈德院（旧名"惠德塔"），乾祐二年（949）建②	在长耳相巷里	攒所	皇子保宁军节度使（不详）	或为宋光宗长子赵挺，母慈懿李皇后?	嘉泰四年（1204）充攒所
16	惠因院（高丽寺）③，天成二年（927）建④	在惠因涧旁⑤		皇始成国公主（不详）	不详	宝庆年间（1225—1227）至淳祐十二年（1252）充攒所
17	宝云寺（旧名"千光王寺"），乾德二年（964）⑥	在葛岭⑦		皇弟邳王（1223—1223）	宋宁宗皇子赵坻	宝庆年间（1225—1227）为攒所

① （宋）潜说友：《咸淳临安志》卷八〇《寺观六·寺院·城外·自飞来峰至上竺》，第751页。

② （宋）潜说友：《咸淳临安志》卷七八《寺观四·寺院·城外·自南山净慈至龙井》，第720页。

③ （宋）周密：《武林旧事》卷五《湖山胜概·南山路》，第380页。

④ （宋）潜说友：《咸淳临安志》卷七八《寺观四·寺院·城外·自南山净慈至龙井》，第722页。

⑤ （明）田汝成著，陈志明编校：《西湖游览志》卷四《南山胜迹》，东方出版社，2012年，第43、44页。

⑥ （宋）潜说友：《咸淳临安志》卷七九《寺观五·寺院·城外·自钱塘门路由北山至九里松》，第733、734页。

⑦ （宋）周密：《武林旧事》卷五《湖山胜概·葛岭路》，第395、396页。

续表

序号	寺院名称及始建时间	文献中记载地理位置	攒宫类别	所葬之人及生卒年	与皇家关系	死亡时间及充攒时间
18	能仁寺，始建时间不详	在西溪①		少师、镇潼军节度使（？—1225）	宋太祖四子秦王赵德芳的九世孙、赵希瞿之子，宋宁宗养子赵竑	宝庆元年（1225）正月缢于州治
19	崇报显庆院（旧额"栖真"），显德四年（957）建②	在放马场（饮马桥）③	攒所	皇子永王（？—1230）	宋理宗皇子赵缉	绍定三年（1230）正月追封永王，充攒所
				皇子祁王（1238—1238）	宋理宗皇子赵维，母永宁郡夫人谢氏	嘉熙二年（1238）十一月薨，充攒所
				皇子雍王（不详）	不详，或成为宋理宗皇子？	不详
20	广法院，开宝七年（974）建④	在赤山		皇子齐王（不详）	不详	嘉熙四年（1240）充攒宫，功德院
21	报恩院（旧名"报先"），开宝七年（974）⑤	在孤山延祥观，徙定业院侧		德国公主（不详）	不详	嘉熙四年（1240）安攒

① （宋）潜说友：《咸淳临安志》卷八〇《寺观六·寺院·城外·自钱塘门外霍山路扫帚至西溪、黄杜、象山诸乡》，第753页。

② （宋）潜说友：《咸淳临安志》卷七八《寺观四·小麦岭》，第723页。

③ （宋）周密：《武林旧事》卷五《湖山胜概·小麦岭》，第384页。

④ （宋）潜说友：《咸淳临安志》卷七八《寺观四·寺院·城外·自南山至净慈龙井》，第721页。

⑤ （宋）潜说友：《咸淳临安志》卷七九《寺观五·寺院·城外·自钱塘门由北山至九里松》，第734、735页。

续　表

序号	寺院名称及始建时间	文献中记载地理位置	攒宫类别	所葬之人及生卒年	与皇家关系	死亡时间及充攒时间
22	崇恩演福禅寺（太清宫）①，始建时间不详，宝祐丁巳(1257)重建②	在小麦岭积庆山③	攒所	惠顺贵妃贾氏（？—1248）	宋理宗贵妃贾氏	淳祐八年(1248)六月礼葬，充攒所
				皇女周汉国端孝公主（1241—1262）	宋理宗之女，生母贵妃贾氏	景定三年(1262)七月薨，充攒所
23	显慈集庆寺，淳祐十年(1250)创④	在九里松		贵妃阎氏（不详）	宋理宗贵妃阎氏	淳祐十年(1250)理宗赐香火院，后充攒所
24	上智果院，开运元年(944)建⑤	在葛岭⑥		皇孙镇安宁武军节度使、开府仪同三司，冲善广王（不详）	或为宋度宗长子赵焯？	景定四年(1263)充攒所

城外，自南山净慈至龙井。
城外，自钱塘门路由北山至九里松。
城外，自钱塘门路由北山至九里松。

---

① （宋）周密：《武林旧事》卷五《湖山胜概·小麦岭》，第384页。
② （宋）周密：《武林旧事》卷五《湖山胜概·小麦岭》，第385页。
③ （宋）潜说友：《咸淳临安志》卷七十八《寺观四》，第727页。
④ （宋）潜说友：《咸淳临安志》卷七十九《寺观五》，第740页。
⑤ （宋）潜说友：《咸淳临安志》卷七十九《寺观五》，第733页。
⑥ （宋）周密：《武林旧事》卷五《湖山胜概·葛岭路》，第395页。

续表

序号	寺院名称及始建时间	文献中记载地理位置	攒宫类别	所葬之人及生卒年	与皇家关系	死亡时间及充攒时间
25	开化寺，嘉泰三年(1203)开山①	在南山	攒所	皇女润国公主(不详)	不详	咸淳四年(1268)充攒所
26	南资圣院，始建时间不详	在大麦岭②		濮王(不详)	不详，或为某一位嗣濮王？	不详

① (宋)潜说友：《咸淳临安志》卷八二《寺观八·尼院·城内外》，第765页。
② (宋)周密：《武林旧事》卷五《湖山胜概·小麦岭》，第386页。

关于各攒所的主人,资料来源如下:太傅仪王仲湜的生平在《宋史》中有载。① 宋哲宗婉仪魏氏及贵妃慕容氏生平在《建炎以来朝野杂记》②和《宋会要辑稿》③有提及。宋高宗贵妃潘氏为元懿太子生母,④而贵妃陈氏、李氏生平则无从考,仅知与贵妃潘氏一同安攒于慈圣院。⑤ 皇叔祖少师嗣濮王生平可见《宋史》⑥和《宋会要辑稿》中的"职官一"及"礼四一"。宋孝宗贵妃蔡氏的生平在《宋史》中略有提及。⑦ 宋高宗婉容刘氏生平可见《宋史》⑧及《宋会要辑稿》⑨。宋高宗贵妃张氏在《宋史》有提及。⑩ 宋光宗贵妃黄氏在淳熙(1174—1189)末于德寿宫,曾封和义郡夫人。⑪ 关于宋宁宗皇子衮王赵埈和皇子邠王赵坦在《宋史》⑫和《建炎以来朝野杂记》⑬有提及,均是早夭的皇子。其中衮王仅在世四十七天,初葬于北山宝林寺,后移弥陀兴福院,与邠王同一充攒之所。嘉泰四年(1204)充攒于六通慈德院的皇子保宁军节度使生平文献记载不详。在《建炎以来朝野杂记》中记有孝宗诸孙,孝宗皇帝五孙,其中写道"光宗皇帝下曰保宁军节度使挺……",并提及赵挺早卒。⑭ 所以,推测此处皇子保宁军节度使或为宋光宗长子赵挺,其母为慈懿李皇后。皇姑成国公主文献中仅查到充攒时间,其生平资料暂无可对应的

① (元)脱脱等:《宋史》卷二四五《列传第四·宗室二》,第7221页。

② (宋)李心传撰,徐规点校:《建炎以来朝野杂记》甲集卷一《上德·后妃王主宗室附·哲宗妃嫔》,第41页。

③ (清)徐松辑:《宋会要辑稿·后妃四·内职》,第272、273页。

④ (元)脱脱等:《宋史》卷二四三《列传第二·后妃下》,第7716页。

⑤ (宋)潜说友:《咸淳临安志》卷七八《寺观四·寺院·城外·自南山净慈至龙井》,第720页;卷七九《寺观五·寺院·城外·自钱塘门路由北山至九里松》,第737页。

⑥ (元)脱脱等:《宋史》卷二四五《列传第四·宗室二》,第7222页;(清)徐松辑:《宋会要辑稿·礼四一·亲临宗戚大臣丧及职官一》,第1378、2332页。

⑦ (元)脱脱等:《宋史》卷二四三《列传第二·后妃下》,第7178页。

⑧ (元)脱脱等:《宋史》卷二四三《列传第二·后妃下》,第7176页。

⑨ (清)徐松辑:《宋会要辑稿·后妃四·内职》,第273页。

⑩ (元)脱脱等:《宋史》卷二四三《列传第二·后妃下》,第7177页。

⑪ (元)脱脱等:《宋史》卷二四三《列传第二·后妃下》,第7180页。

⑫ (元)脱脱等:《宋史》卷三七《本纪第三十七·宁宗一》,第485、486页。

⑬ (宋)李心传撰,徐规点校:《建炎以来朝野杂记》甲集卷一《上德·后妃王主宗室附·哲宗妃嫔》,第47、48页。

⑭ (宋)李心传撰,徐规点校:《建炎以来朝野杂记》甲集卷一《上德·后妃王主宗室附·孝宗诸孙》,第30页。

信息,无法推测其具体身份。皇弟邳王,即宋宁宗皇子赵坻。① 少师、镇潼军节度使,即宋太祖四子秦王赵德芳的九世孙,赵希瞿之子,宋宁宗养子赵竑。② 皇子永王、祁王的卒年及谥号分别可见于《宋史》,③皇子雍王生平无考,三位皇子为同一充攒所,故推测皇子雍王或同为宋理宗的皇子。皇子齐王和德国公主同一年充攒,其生平资料暂无可对应的信息,无法推测其具体身份。宋理宗贵妃贾氏及其皇女周、汉国端孝公主为母女二人,同攒于崇恩演福禅寺。④ 宋理宗贵妃阎氏生平在《宋史》只有一言片语,贾贵妃薨后,"阎贵妃又以色进"⑤。对其香火寺,《咸淳临安志》中则描绘"规制瑰杰,金碧照映,为湖山寺宇之冠"。其寺为阎氏在世时理宗所赐,并御书"寺扁殿阁亭堂诸处"⑥。皇孙镇安宁武军节度使、开府仪同三司、冲善广王生平虽暂无详细记载,但可对应为宋度宗长子赵焯。皇女润国公主生平不可考。至于濮王,史料中的濮王或为某一位嗣濮王,如前文的皇叔祖少师嗣濮王。

此外,根据以上信息汇总表可见,这些攒宫、攒所寺院的始建时间绝大多数都是在五代吴越国钱氏统治时期。在南宋之时,因充攒之需,被赐今额。吴越国佛教盛极一时,有"东南佛国"之称,在此可见一斑。而于南宋时期初创的攒宫、攒所寺院,多提到为功德寺、坟寺、香火院,且多为帝王赏赐而建,如贵妃慕容氏充攒的资德院,绍兴二十三年(1153)建,即为坟寺;赐予贵妃阎氏充香火院的显慈集庆教寺,建于淳祐十年(1250)。这些赐予嫔妃或初建的寺院,似与嫔妃本人在世时受帝王的宠幸程度有关。

在查阅文献时笔者发现关于西湖周边的这些攒宫、攒所寺院有功德寺、坟寺、香火寺的称呼,这三者在概念上究竟有怎样的联系,也值得区分与辨

---

① (元)脱脱等:《宋史》卷四〇《本纪第四十·宁宗四》,第 523 页。

② (元)脱脱等:《宋史》卷二四六《列传第五·宗室三》,第 7235—7237 页。

③ (元)脱脱等:《宋史》卷四一《本纪第四十一·理宗一》,第 532 页;卷四二《本纪第四十二·理宗二》,第 549、550 页。

④ (宋)潜说友:《咸淳临安志》卷七八《寺观四·寺院·城外·自南山净慈至龙井》,第 727 页。

⑤ (元)脱脱等:《宋史》卷二四三《列传第二·后妃下》,第 7182 页。

⑥ (宋)潜说友:《咸淳临安志》卷七九《寺观五·寺院·城外·自钱塘门路由北山至九里松》,第 740 页。

析。笔者以为,功德寺、坟寺、香火寺三者之间在功能上虽有重叠,但即便在宋代人们的认知也不完全对等。黄敏枝先生在论述宋代的功德坟寺时,将功德寺与坟寺合并在一起进行解释,即在坟墓旁边设置寺院来看守。但他也明确指出,功德坟寺有许多不同的称呼,如功德寺(院)、功德坟、坟寺、香火寺(院)、香灯院等。① 在功德坟寺功能、性质的探讨上,黄敏枝也论述了其与家庙、祠堂的关联性,并认为功德坟寺在宋代的盛行与家庙制度的式微有关。② 郑嘉励则对功德寺、坟寺(庵)、香火寺等从规模及空间位置上进行了区分解读,还探讨了与墓祠的区别。比如他认为坟寺(庵)本与坟墓无关,本来就是墓葬附近的寺院,多为朝廷敕赐,且为家族成员共有,而墓祠多位于墓葬封土的前方,属于该墓葬主人所有。在显赫的勋臣大宦中,坟寺、墓祠可并存。③

　　纵观南宋临安城西湖周边的攒宫、攒所寺院,由于其与皇家的关系,情况更加复杂化。根据孙旭的统计,南宋时期杭州作为皇室攒宫、攒所的寺院,以及明确提到的不限于充作皇家攒宫、攒所的坟寺、功德寺、香火寺计有30 余处,加之祝圣寿道场、元命殿所在等寺院合计 40 余所。④ 这个数据超过笔者统计的南宋时期西湖周边充作皇家攒宫、攒所的寺院。祝圣寿道场与元命殿主要是为在世皇室祈福所用。有些功德寺或香火寺其功能就是某一皇室成员的个人或家族用来"布善因,资冥福"⑤,"集功德用祝""圣寿无疆""皇图永固""绵延寿考"⑥的祈福场所。如褒亲崇寿寺,绍兴十八年(1148)建,十九年赐额,为刘贵妃家功德院。⑦ 有些寺院则成为整个皇室外

---

① 黄敏枝:《宋代佛教社会经济史论集》,第 241、243 页。
② 黄敏枝:《宋代佛教社会经济史论集》,第 244、245 页。
③ 郑嘉励:《读墓——南宋的墓葬与礼俗》,浙江人民出版社,2022 年,第 80、81 页。
④ 孙旭:《宋代杭州寺院研究》,第 130 页。
⑤ (宋)潜说友:《咸淳临安志》卷七八《寺观四·寺院·城外·自南山净慈至龙井》,第727 页。
⑥ (宋)潜说友:《咸淳临安志》卷七九《寺观五·寺院·城外·自钱塘门路由北山至九里松》,第 738、739 页。
⑦ (宋)潜说友:《咸淳临安志》卷七七《寺观三·寺院〔城外一〕·城外·自方家峪至慈云岭》,第 714 页。

戚家族成员死后的安葬场所,这些寺院不一定具有攒所的功能,如时思荐福寺,为高宗吴皇后家坟寺。① 有些寺院在赏赐给某个皇室成员或嫔妃之时仅仅是功德寺或香火寺,此人去世后才成为坟寺及攒所,如前文提及的理宗贵妃阎氏,其香火寺和攒所为显慈集庆教寺。当然也有攒宫寺院与香火寺院不是同一处的情况,比如普宁寺,奉孝宗夏皇后香火,②而夏皇后的攒宫寺院在修吉寺。也有葬于绍兴攒宫,但在生前杭州也设置功德寺院的,如崇先显孝华严教寺,绍兴十九年(1149)建,旨充韦太后功德寺。③ 一般情况下,充当了攒宫、攒所功能的寺院都兼有与坟寺、殡所、功德寺或香火寺等合为一体的功能。如宝林院,乾道三年(1167)充庄文太子攒所、香火院。④ 广法院,嘉熙四年(1240)充皇子齐王攒宫、功德院。⑤

三、关于西湖群山中的南宋后攒、园、攒所寺院的 地理位置分析及相关考释

依据姜青青的宋版《西湖图》复原图,我们在图中标出指北针的大致方向,以及西湖群山中的南宋后攒、园、攒所寺院及其相关地理位置信息。若按现代版地图标示,此图中的正北方向应该稍稍偏向图版上方的左侧,其中虚线方框为寺院的名称,这些寺院名称有的与前文表格中的名称一致,有的则为寺院别称或后期改额时的寺院名称;虚线加点的方框为史料中记载的与攒宫、攒所寺院相关的地理位置;实线方框则表示比较重要的地理名称;数字标号则对应了前文表格中攒宫、攒所寺院的排序编号,有些只能推测出大致的地理方位,地图上以数字标号加问号的形式标明(图1)。

---

① (宋)潜说友:《咸淳临安志》卷七九《寺观五·寺院·城外·自钱塘门路由北山至九里松》,第738、739页。
② (宋)潜说友:《咸淳临安志》卷七八《寺观四·寺院·城外·自南山净慈至龙井》,第718页。
③ (宋)潜说友:《咸淳临安志》卷八一《寺观七·寺院·城外·自太平桥北前沙河,至临平上塘》,第759页。
④ (宋)潜说友:《咸淳临安志》卷七八《寺观四·寺院·城外·自南山净慈至龙井》,第720页。
⑤ (宋)潜说友:《咸淳临安志》卷七八《寺观四·寺院·城外·自南山净慈至龙井》,第721页。

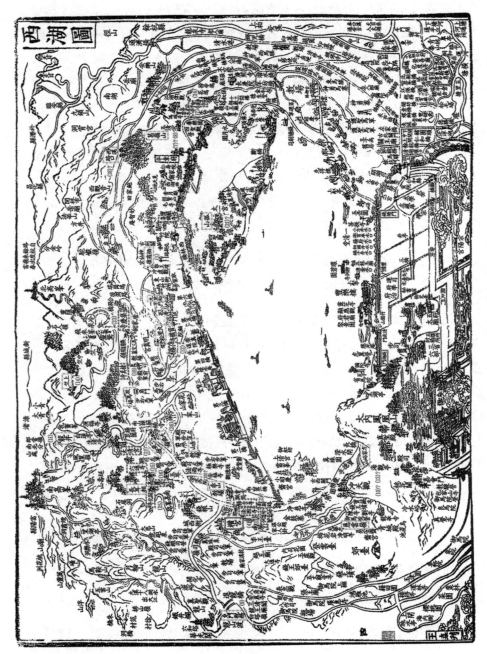

图1 宋版《西湖图》复原图（示意标注）

——选自姜青青著《〈咸淳临安志〉宋版"京城四图"复原研究》

　　标号（1）的修吉寺在《咸淳临安志》中记载为安穆皇后、成恭皇后、慈懿皇后、恭淑皇后攒宫所在地，①有"赤山攒宫"之称。② 但《建炎以来朝野杂记》中明确写着，"恭淑皇后攒宫在慈懿之东广教寺"③，故关于恭淑皇后的攒宫寺院文献上有些出入。图中也并无广教寺之名，仅在"宝林寺"下方有一处"兴教寺"。标号（2）标于修吉寺下方，即为其东侧示意广教寺大致方位。标号（3）和（4）分别为庄文太子与景献太子的攒宫寺院——宝林院和法因院，地图上称为宝林寺和法因寺。乾道三年（1167）宝林院充庄文太子攒所香火院，④嘉定十三年（1220）法因院充景献太子攒所。⑤ 从宋版《西湖图》可见，四皇后"后攒"与二太子"园"均位于钱湖门外南屏山下。故笔者以实线方框标识出"钱湖门"，此城门是通往西湖南山的必经之路。

　　关于四皇后"后攒"与二太子"园"在图像学上的解读，多有学者关注。比较突出的是陈珲在《南宋西湖全景考〈西湖繁胜全景图〉解读》中以图解加文献的方式考证了四皇后"后攒"与二太子"园"（图2）。《西湖繁胜全景图》又称《西湖清趣图》，藏于美国弗瑞尔美术馆。笔者以为其考证的南屏山的位置基本可对应，但四皇后"后攒"及二太子"园"的位置标注尚值得商榷。陈珲将南屏山下带围墙的红色建筑群定为兴教寺，⑥此围墙内的三组红色示意建筑被定为寺院建筑问题不大，但究竟是哪座寺院，或者仅仅只是一种寺院建筑群的图示标志，尚无法定论。从整卷《西湖清趣图》的图示信息分析，图中几乎所有可推测出来的重要寺院或宗教类建筑基本都被标示成红色，并带有整座建筑群的外墙边界。但陈珲所示图中四皇后"后攒"及二太子"园"的建筑群外并无围墙，如此重要的皇家攒宫寺院不可能直接暴

---

　　① （宋）潜说友：《咸淳临安志》卷一四《行在所录·攒宫》，第163、164页；卷七八《寺观四·寺院·城外·自南山净慈至龙井》，第720页。
　　② （宋）周密：《武林旧事》卷五《湖山胜概·南山路》，第380页。
　　③ （宋）李心传撰，徐规点校：《建炎以来朝野杂记》甲集卷二《郊庙宫省祠观陵寝附·成恭、成穆、慈懿、恭淑四攒宫》，第85页。
　　④ （宋）潜说友纂：《咸淳临安志》卷七八《寺观四·寺院·城外·自南山净慈至龙井》，第720页。
　　⑤ （宋）潜说友纂：《咸淳临安志》卷七八《寺观四·寺院·城外·自南山净慈至龙井》，第720页。
　　⑥ 陈珲：《南宋西湖全景考〈西湖繁胜全景图〉解读》，中国建筑工业出版社，2021年，第313、314页。

露在外,且建筑群离西湖水面近在咫尺,地势较低,并不符合攒宫建制的堪舆原则。所以笔者以为,将南屏山附近靠近西湖的一片房舍定为四皇后"后攒"及二太子"园"似乎不妥。① 这片临湖的建筑群更像一般的民居房舍,而隐藏在这片临湖房舍后延绵不断的建筑群或许代表着某些真实的存在及隐喻。或可为此《西湖清趣图》的绘画年代提供一些新的思路。②

图 2 《南宋西湖全景考〈西湖繁胜全景图〉解读》中标示的四皇后"后攒"及二太子"园"③(选自陈珲著《南宋西湖全景考〈西湖繁胜全景图〉解读》)

标号(5)太傅仪王仲湜的攒所寺院——显明院的地理位置,根据《咸淳临安志》卷二八:"栖霞岭,一名剑门岭,又曰剑门关。在钱塘门外显明院之北。旧多桃花,开时烂然如霞,故以名。岭下有岳鄂王飞墓。"④"钱塘门"是

---

① 陈珲:《南宋西湖全景考〈西湖繁胜全景图〉解读》,第 307—313 页。
② 关于此画卷的绘画年代有多种说法:一是据画卷的收藏机构美国弗瑞尔美术馆的收藏资料显示,此画卷为元末明初,即约为十四世纪时期的作品;二是陈珲考证其为南宋画院作品,而且绘画年代为南宋咸淳三年(1267)。此段考证可见陈珲著《南宋西湖全景考〈西湖繁胜全景图〉解读》,中国建筑工业出版社,2021 年,第 27—47 页。但笔者以为此画卷的绘画年代尚值得讨论。目前笔者并未详细考察此图卷的全部绘画内容,但可以肯定此画卷所绘内容颇为写实,确实反映了南宋时期西湖繁盛的风貌。然就画卷中隐去四后攒宫及二太子园的做法来看,非当朝画师所绘的可能性很大。此画卷也许是元初南宋遗民画家对逝去时代的一种追忆,也未可知。所以才会刻意隐去与南宋皇室相关的一些场景。当然,这只是笔者的推测。
③ 此图中的"攒"被陈珲误写为"赞"。
④ (宋)潜说友:《咸淳临安志》卷二八《山川七·岭·城内外》,第 310 页。

通往西湖北山的必经城门,去往北山、葛岭至九里松一带的攒所寺院一般都是从"钱塘门"出城,故"钱塘门"笔者也用实线方框作为重点地名注出。标号(6)的喜鹊寺,据《武林旧事》卷五:"喜鹊寺,即禅宗院。以鸟窠禅师得名。魏婉仪攒所。"①标号(7)和(8)分别为贵妃慕容氏攒所资德院以及贵妃潘氏、陈氏、李氏攒所慈圣院的位置,根据《咸淳临安志》卷七九以及《武林旧事》卷五的地理位置记载,此两处攒所寺院大致位于葛岭一带,即钱塘门路由北山至九里松区域,但具体位置不详。② 标号(9)为皇叔祖少师嗣濮王攒所崇先袭庆寺所在地"儿门",图中的"儿门税务"应是临安城的一处税场。临安城中当时尚有"北郭税务""都税务""浙江税务""江涨税务""龙山税务"等。③ 标号(10)和(13)分别为贵妃蔡氏的攒所——净教寺和贵妃黄氏的攒所——西莲瑞相院,均在《咸淳临安志》卷七七寺观三中表明地理位置位于自方家峪至慈云岭一带,但无更具体地点,④故"慈云岭"也作为一处比较重要的地名以实线方框标出。标号(11)为刘庵的大致方位,即孝宗朝刘婉容攒所,后归龙井寺。⑤ 标号(12)的小隐寺,即为永宁崇福院的别称,是孝宗拨赐张贵妃,后为其坟寺。⑥ 标号(14)的"上竺"为皇子衮王、邠王的攒所弥陀兴福教院所在地。⑦ 标号(15)"六通寺"即位于长耳相巷里的"六通慈德院",也称"惠德塔",为皇子保宁军节度使攒所。⑧ 标号(16)的"高丽寺",旧名"惠因寺",充皇姑成国公主攒所。⑨ 标号(17)的"宝云寺"

①　(宋)周密:《武林旧事》卷五《湖山胜概·葛岭路》,第396页。

②　(宋)潜说友:《咸淳临安志》卷七九《寺观五·寺院·城外·自钱塘门路由北山至九里松》,第737、738页;(宋)周密:《武林旧事》卷五《湖山胜概·北山路》,第392页。

③　姜青青:《〈咸淳临安志〉宋版"京城四图"复原研究》,上海古籍出版社,2015年,第238页。

④　(宋)潜说友:《咸淳临安志》卷七七《寺观三·寺院〔城外一〕·城外·自方家峪至慈云岭》,第714页。

⑤　(宋)周密:《武林旧事》卷五《湖山胜概·小麦岭》,第386页。

⑥　(宋)潜说友:《咸淳临安志》卷七九《寺观五·寺院·城外·自钱塘门路由北山至九里松》,第737页;(宋)周密:《武林旧事》卷五《湖山胜概·西湖三堤路》,第388页。

⑦　(宋)潜说友:《咸淳临安志》卷八〇《寺观六·寺院·城外·自飞来峰至上竺》,第751页。

⑧　(宋)潜说友:《咸淳临安志》卷七八《寺观四·寺院·城外·自南山净慈至龙井》,第720页。

⑨　(宋)潜说友:《咸淳临安志》卷七八《寺观四·寺院·城外·自南山净慈至龙井》,第722页;(宋)周密:《武林旧事》卷五《湖山胜概·南山路》,第380页。

位于北山,为皇弟邳王攒所。① 标号(18)为"西溪"一带,是少师、镇潼军节度使攒所——能仁寺所在地。② 标号(19)的"栖真院"是崇报显庆院的旧额,位于放马场。此处为皇子永王、祁王、雍王的攒所寺院。③ 标号(20)的"赤山"为皇子齐王的攒所广法院所在地,图上无寺院名称。④ 赤山也属于西湖南山区域,且与南屏山山脉相连,与"赤山攒宫"的位置应该相当或距离很近。标号(21)的位置是指德国公主攒所——报恩院所在地,报恩院,旧名"报先",即孤山六一泉寺,后以其地为延祥观。⑤ 标号(22)的"太清宫",即"崇恩演福禅寺",后改名"观音院",惠顺贵妃贾氏功德院,周、汉国端孝公主祔焉,位于在小麦岭积庆山。⑥ 标号(23)的"集庆寺"即显慈集庆教寺,在九里松,为贵妃阎氏充香火院、攒所寺院。⑦ 标号(24)为北山的"智果寺"。据陈珲考证,智果寺原在孤山,名"智果观音院",绍兴十四年(1144)前,因孤山建四圣延祥观,智果寺被一分为二,主体建筑被迁建于葛岭之东,为"上智果寺";另一部分建于栖霞岭南麓,被称为"下智果院"⑧,"上智果寺"即皇孙镇安宁武军节度使、开府仪同三司冲善广王攒所。⑨ 标号(25)的"开化寺"位于南山区域,与"赤山攒宫"不远,为皇女润国公主攒所,非指位于钱塘江边六和塔下的"开化寺"。⑩ 标号(26)"大麦岭"为濮王坟所在地,其攒

① (宋)潜说友:《咸淳临安志》卷七九《寺观五·寺院·城外·自钱塘门路由北山至九里松》,第733、734页。

② (宋)潜说友:《咸淳临安志》卷八〇《寺观六·寺院·城外·自钱塘门外霍山路扫帚至西溪、黄杜、篆山诸乡》,第753页。

③ (宋)潜说友:《咸淳临安志》卷七八《寺观四·寺院·城外·自南山净慈至龙井》,第720页;(宋)潜说友:《咸淳临安志》卷七八《寺观四·寺院·城外·自南山净慈至龙井》,第723页。

④ (宋)潜说友:《咸淳临安志》卷七八《寺观四·寺院·城外·自南山净慈至龙井》,第721页。

⑤ (宋)潜说友:《咸淳临安志》卷七九《寺观五·寺院·城外·自钱塘门路由北山至九里松》,第734、735页。

⑥ (宋)周密:《武林旧事》卷五《湖山胜概·小麦岭》,第385页;(宋)潜说友:《咸淳临安志》卷七八《寺观四·寺院·城外·自南山净慈至龙井》,第727页。

⑦ (宋)潜说友:《咸淳临安志》卷七九《寺观五·寺院·城外·自钱塘门路由北山至九里松》,第740页;姜青青:《〈咸淳临安志〉宋版"京城四图"复原研究》,第216页。

⑧ 陈珲:《南宋西湖全景考〈西湖繁胜全景图〉解读》,第169页。

⑨ (宋)潜说友:《咸淳临安志》卷七九《寺观五·寺院·城外·自钱塘门路由北山至九里松》,第733页。

⑩ (宋)潜说友:《咸淳临安志》卷八二《寺观八·尼院·城内外》,第765页;姜青青:《〈咸淳临安志〉宋版"京城四图"复原研究》,第269页。

所寺院为南资圣院。① 但图中无具体寺院名称。

从图中攒宫、攒所寺院的分布情况来看,很显然这些环绕西湖群山的攒宫、攒所寺院基本都集中在西湖的南山与北山区域,其中级别较高的四皇后"后攒"及二太子"园"都分布在南屏山、赤山一带,其他的攒所则由西湖的南山区域向北山区域扩散。这固然与西湖南山区域离皇城距离较近有关,但更重要的应该是与风水堪舆术有一定关联。此外,赤山攒宫的设立也与绍兴宋六陵的营建息息相关。

四、关于四皇后"后攒"与二太子"园"相关问题的初步考察

《建炎以来朝野杂记》记载:"成恭、成穆、慈懿、恭淑四攒宫,初营佑陵,显肃皇后同穴,后以显仁衬之,宪节皇后陪葬于佑陵,故永思独以宪圣衬。孝宗在藩邸,成穆已攒于临安府南山之修吉寺。乾道(1165—1173)初,成恭殁,因葬其东。慈懿皇后攒宫又在成穆之东,神穴深九尺,红围里方,二十有五步,用成恭例也。恭淑皇后攒宫在慈懿之东广教寺。"②从这则文献中可以读到两则非常重要的信息:一是临安城四后攒宫的安葬制度的形成,二是四后安葬之先后秩序及方位。

按营造绍兴攒宫陵园时的规制,建宋徽宗之永祐陵时,显肃皇后(宋徽宗皇后郑氏)同穴,显仁皇后(宋高宗生母韦皇后)衬之,宪节皇后(宋高宗皇后邢氏)因早于宋高宗过世,陪葬于永祐陵。故成穆(宋孝宗皇后郭氏,孝宗正配)、成恭(宋孝宗皇后夏氏,孝宗继配)二后因早于孝宗过世,按制度应陪葬于宋高宗之永思陵。然而当时二后早崩,此时高宗尚在世,③成穆作

---

① (宋)周密:《武林旧事》卷五《湖山胜概·小麦岭》,第386页。

② (宋)李心传撰,徐规点校:《建炎以来朝野杂记》甲集卷二《郊庙宫省祠观陵寝附·成恭、成穆、慈懿、恭淑四攒宫》,第85页。

③ 宋高宗于绍兴三十二年(1162)将皇位禅让养子赵昚,淳熙十四年(1187)驾崩。成穆郭皇后绍兴二十六年(1156)薨,绍兴三十二年(1162)六月四日追封皇太子妃,八月二十六日追册为皇后。成恭夏皇后隆兴元年(1163)十月二十五日立为皇后,二年(1164)正月六日行册礼。乾道三年(1167)崩。见(元)脱脱等:《宋史》卷二四三《列传第二·后妃下》,第7177—7180页;(宋)李心传撰,徐规点校:《建炎以来朝野杂记》甲集卷一《上德·后妃王主宗室附》,第37—40页;(清)徐松辑:《宋会要辑稿·后妃一·皇后皇太后》,第224、225页。

为过世后追封的皇后在绍兴二十六年(1156)十二月二十七日最先攒临安府钱塘县南屏山之修吉寺。之后成恭于乾道三年(1167)殁,葬于成穆皇后之东,由此开创了临安城"赤山攒宫"之制。自孝宗起,之后光宗、宁宗的皇后若先死于其夫皇帝,并不祔葬于位于绍兴的前朝皇帝陵墓,而被安葬于"赤山攒宫"。最初固然是在特殊情况之下的无奈之举,也是因为绍兴帝陵的地理位置狭窄,最终导致先去世的当朝皇后无法祔葬于先帝之陵。因此,绍兴永思陵仅有晚崩于高宗的宪圣皇后(宋高宗皇后吴氏)祔葬。之后的慈懿皇后早于光宗崩仅两个月,①于庆元六年(1200)六月四日崩,又在成穆之东,按成恭之例安攒。恭淑皇后(宋宁宗皇后韩氏)与慈懿皇后同年十一月崩,次年被葬于慈懿皇后攒宫之东广教寺。

前文曾提到绍兴宋六陵的营造是按中原北方地区流行的"五音姓利"堪舆术为指导进行墓地选址,尤其是陵园营造之初几乎是严格按照"五音姓利"的原则。那么位于西湖南山的"赤山攒宫",即四皇后"后攒"与二太子"园"的营造是否也符合"五音姓利"的法则呢?我们先通过文献资料对四后攒宫的信息做一些分析。据《咸淳临安志》卷十四:"后攒,成穆郭皇后、成恭夏皇后、慈懿李皇后、恭淑韩皇后,右并在钱湖门外三里南山之修吉寺,各殿为上下宫。上攒宫、下神御。每岁春秋,太常卿朝献。秋,监察御史按视,内人、内侍各以时诣宫所,及官吏职掌,兵士守卫,皆如会稽攒陵之仪。四后宅许春秋朝谒。"②由此可知,四后攒宫所拥有的上下宫格局应是"上攒宫、下神御"。"神御"一般指先朝帝王的肖像,此处所指"下神御"或为日常供奉逝去皇后御容之所。因赤山攒宫并无帝王攒宫陵园,这也导致四后攒宫与实际帝陵的上下宫布局及功能有所不同。仔细分析四后攒宫的安葬方位,自成恭皇后开始,相继去世的三后皆依次安葬于成穆皇后之东侧。纵观临安城四后攒宫,并无帝陵作为核心,四后攒宫为自西向东排列,③似与角

---

① 宋光宗庆元六年(1200)八月八日驾崩,庆元六年(1200)十一月三十日启攒,十二月九日掩攒。

② (宋)潜说友:《咸淳临安志》卷一四《行在所录·攒宫》,第163、164页。

③ (宋)李心传撰,徐规点校:《建炎以来朝野杂记》甲集卷二《郊庙宫省祠观陵寝附·成恭、成穆、慈懿、恭淑四攒宫》,第85页。

音大利向自东南向西北排布不相符。这说明四后攒宫位次并未遵循角音准则。这或许与地形受限有关,且因缺乏考古发掘资料的佐证,无法印证文献记载确切与否。但从其四后攒宫的排布来看,大体符合长幼先后尊卑秩序的"昭穆葬法"。

再将文献中慈懿皇后安攒的建筑物数据与目前宋六陵考古遗址公开发表的信息作一比对。前文所引史料中详细记载了慈懿皇后掩埋的深度以及"红围里方"围墙的尺度,其棺椁深埋 9 尺(宋代 1 尺相当于今天的 31.7 厘米,即总深度为 2.85 米)的地下,内建筑物,即覆盖棺椁的外罩物,总体呈方形,外部以红色围墙围合,围墙每边长 25 步(宋代的 1 步约合今天的 1.535米)。所以,可大致计算出慈懿皇后石藏子外围的建筑物围墙每边边长约为38.375 米,总占地面积约 1472.64 平方米。2018 年发掘的一号陵园的墓室即石藏位于龟头殿正下方,平面近方形,边长约 9 米。根据考古发掘报告,整个一号陵园平面接近方形,石藏墓穴居于陵园正中央,布局与北宋各皇陵的上宫基本一致。同时,陵园北墙长约 57.5 米,与《宋会要辑稿》等文献中关于南宋帝陵攒宫神围 35 步的记载相近(图 3)。由此判断,一号陵园确为某皇陵的上宫遗址。① 根据这则数据比对可知,史料中记载的慈懿皇后安攒时所按成恭皇后例的数据比宋六陵一号陵园的数值要小。

关于二太子"园"的营造与布局,史料记载也很详细。《宋会要辑稿·礼四三·攒所》中有载:"同日,诏:皇太子薨,将来殡葬去处,令护丧葬所就利方及寺院择地。既而刑部尚书、护丧葬事徐应龙等言:本所据判局刘居仁、天文官胡居中相视踏逐到庄文太子攒所之东空地一段,堪充皇太子攒堂。应龙等将带克择、礼直官前去相视,上件地段林木茂盛,土肉肥厚,即无水脉,仍于庄文太子棂星门之北同向别置门户,委是利方地段。修制今来皇太子攒堂,应得昭穆尊卑次序,于礼典别无违碍,合随地之宜,分立墙围。所有攒堂及屋宇门户等制度,并合照庄文太子攒堂体式修盖。又据刘居仁等供到皇太子攒穴,用格盘南针定验得其地系离山,坐丙向壬。若将来开掘神

---

① 李晖达:《南宋皇陵》(未发表,但一些资料已经公开于"国音承祚——宋六陵考古成果展"中)。

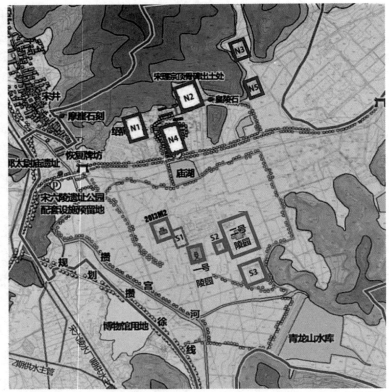

图3 绍兴宋六陵遗址考古平面图(浙江省文物考古研究所李晖达提供)

穴,合深九丈,应得天星凤凰成吉。及勒令临安府壕寨打量到皇太子新攒地段,标立围墙,内南北入深一十八丈,东西阔一十六丈。勒画匠照庄文太子攒所样制造图见到,乞下临安府、两浙转运司照应体式制度起盖施行。"①这则史料清楚地记录了为景献太子攒宫择地及营造的经过。嘉定十三年(1220)景献太子薨,朝廷就太子安攒一事进行了讨论。判局刘居仁、天文官胡居中踏视到庄文太子攒宫之东有空地一段,刑部尚书、护丧葬事徐应龙等前去相视,此地林木茂盛,土肉肥厚,无水脉,对于建造攒宫而言是一处利方之地。于是,准备在庄文太子攒宫的棂星门之北同一方向别置门户,按昭穆尊卑次序,建造皇太子攒堂。与庄文太子攒宫分立围墙,且所有攒堂及屋宇

---

① (清)徐松辑:《宋会要辑稿·礼四三·攒所》,第1427页。

门户等制度都参照庄文太子的攒堂体式。此外,由天文官刘居仁等以格盘南针定验皇太子攒穴,也就是石藏的位置,其地系离山,坐丙向壬。此处记载清楚说明,景献太子的攒宫是按照"五音姓利"原则营建,也符合"昭穆尊卑次序"。宋代皇室赵姓,对照五音,属于"角音",角音与木行对应,木主东方,阳气在东,阴宅地形宜"东南仰高、西北低垂",这就是角音墓地"大利向"。据《地理新书》卷第七,①"五音尚向"中的角音尚向为"壬向","五音所宜"中的"角姓所宜",即"角姓宜东山之西,为东来山之地,以北为前,南为后,西为左,东为右,明堂中水出破乾为大利向"(图4)。所以,由景献太子攒宫的地理位置可知,南屏山即南山,为离山,而西湖的北山区域为其案山,整个方位坐丙向壬,即坐东南朝西北。不仅景献太子攒宫的地理位置如此,庄文太子攒宫的大方位也应基本如此。再看文献中提到的景献太子攒宫的围墙边界,也应为近似正方形的长方形,南北入深18丈(约相当于今天的57米)、东西阔16丈(约相当于今天的50.7米)。此围墙数据恰恰可与前文提到的绍兴宋六陵一号陵园的北园墙边长57.5米可对应。

图4　五音姓利"角音"大利向图
(选自《地理新书校理》,李晖达提供)

---

①　(宋)王洙等编撰,(金)毕履道、张谦校,金身佳整理:《地理新书校理》,湘潭大学出版社,2012年,第213、214页。

　　关于文献中慈懿皇后及景献太子神穴的深度问题也可探讨。景献太子的欲开攒穴之深度，即"神穴合深九丈"，换算成当今尺寸，差不多深埋于地下28.5米处，这与文献中慈懿皇后的埋葬深度整整相差10倍。《地理新书》卷十四有"幽穴浅深法"："凡幽深浅深皆有丈尺，依附山原，须凭规矩，遇甲庚丙壬，合满定成开，吉。古先帝王入地下深九十尺，通三泉，梓宫下达三龟九龙吉。"①可见，自古帝王入地的埋葬深度都以90尺为标准。景献太子的梓宫开穴深度依据应按此规制。但实际是否开穴如此之深？值得思考。又该如何解释慈懿皇后的"神穴深九尺"之说？据《中兴礼书续编》卷四六记载：淳熙十五年（1188）正月十七日，礼部太常寺借攒葬太上皇（宋高宗）之事讨论国朝典故旧例"山陵皇堂神台下深丈尺不同，开具典故在前。今来大行太上皇帝升遐，所有修奉攒宫欲乞令修奉使司同太史局相度修奉施行数内。今来修奉皇堂深浅本司寻移文太史局相度照应典故，指定合浅丈尺如何施行。去后，据太史局申，契勘近已具申。按行使司，将来修奉大行太上皇帝神穴依得幽堂深浅法，当深九尺系合凤凰城吉。今来本局指定合深九尺从得本局经书，当深九尺合具。申朝廷降指挥施行。本司契勘，今来修奉攒宫皇堂依前项，已降指挥比附昨徽宗皇帝攒宫礼例修奉。其徽宗皇帝攒宫皇堂昨来却系依昭慈圣献皇后皇堂制度"②。可见，以九尺代九丈是依照典故旧例，且从昭慈太后安攒之始。又据《中兴礼书》卷二五六："（绍兴元年，1131）五月十八日攒宫总护使李回言：修奉所据监修都监壕寨状申，见修奉攒宫，今已开撅深一丈一尺，下有水即行填垒，实系深一丈五寸，取到天文二宅官状，下深一丈五尺系正吉数，其地深浅如不及尺，以寸代之，实深一丈五寸系一丈五尺。诏依。"③这段文献是指昭慈孟皇后攒葬之时遇地下水，于是"不及尺，以寸代之"。可见，虽有"下深一丈五尺系正吉数"之说，南方地下水浅才是问题之关键。慈懿皇后攒葬之地位于在南屏山

---

① 　（宋）王洙等编撰，（金）毕履道、张谦校，金身佳整理：《地理新书校理》，第411页。

② 　（宋）叶宗鲁纂修，（清）徐松辑：《中兴礼书续编》卷四六《凶礼十二》，《续修四库全书》第823册，上海古籍出版社，2002年，第557页。

③ 　（宋）礼部太常寺纂修，（清）徐松辑：《中兴礼书》卷二五六，《续修四库全书》第823册，第229页。

麓,但与西湖相去不远,应是地下水源丰厚之地,开穴九丈恐不现实,由此不得不依照惯例,"以寸代尺",进而"以尺代丈"。至于景献太子的神穴是否真为九丈之深?虽笔者认为从地形地质条件来看不可信,也不可能有考古依据为佐证,但其记载毕竟符合礼制规范。

五、结　　语

由于时代的久远,西湖周边群山的地理位置及走势虽基本无大的改变,但外部的地形地貌特征还是发生了不少变化,尤其是四皇后"后攒"及二太子"园"之地表遗迹几乎荡然无存,因此无法进行较为科学的实地勘测和考古发掘,只能借助文献记载及宋版地图,对照南宋六陵的考古信息做一些基础分析。其他皇室成员的攒所寺院则多半属于临时安攒之地,很多寺院遗迹现已无从觅寻,且文字史料记载十分有限,故无法从风水堪舆的选址角度做进一步详细考察。

结合宋版地图与史料对西湖周边群山中的南宋攒宫、攒所寺院进行整理、归纳和综合分析,是对南宋皇陵制度研究的一种有益补充,更进一步明确了其与北宋陵园制度的传承关系。同时,这些攒宫、攒所的产生既是一种无奈之举,也是对皇室成员安葬制度所实施的变通之举。皇家攒宫、攒所寺院的创置及其功能的设定与佛教紧密相连,皇家权力与宗教的结合可见一斑。关于这一系列问题笔者并无一一作出探讨。最后,本文附绍兴宋六陵资料一则,并在现代杭州西湖地图中标注出南宋时期一些重要的攒宫、攒所寺院的大致示意位置,以供参考。

附录 1：南宋六陵帝后及陵墓信息一览表

帝后名	驾崩时间	下葬时间	陵墓名称	位置
孟皇后（宋哲宗之后，元祐太后，隆祐太后，谥号昭慈献烈，昭慈圣献）	绍兴元年（1131）四月	绍兴元年（1131）六月		越州会稽县上亭乡上许里上皋村。昭慈攒宫位于整个陵区最南端的起点位置上。
宋徽宗	绍兴七年（1137）九月	绍兴十二年（1142）九月二十六日启攒，十月下葬	永祐陵（含孟后，宋徽宗、郑后，邢后四攒宫神园，茔地合计用地"二百一十七亩五十一步"）	昭慈攒宫西北角，"近北偏西"五十步稍外。又称"宝山祖陵"。
附：郑皇后（宋徽宗皇后，显肃皇后）	不详	绍兴十二年（1142）十月		
附：邢皇后（宋高宗皇后，懿节，宪节皇后）	不详	绍兴十二年（1142）十月		懿节皇后攒宫当居于永祐陵四座攒宫的最北端，而显肃又在永祐下宫之南。
附：韦皇后（宋高宗生母，宪节，显仁皇后）	绍兴二十九年（1159）	绍兴二十九年（1159）十一月		显肃皇后正西地段营建显仁韦后攒宫。永祐陵窆葬内显肃皇后神前间正西约十九步。
宋高宗	淳熙十四年（1187）十月八日末时七鼓脉绝，十月十一日成服	淳熙十五年（1188）三月壬子启攒，丙寅下葬	永思陵	永思陵位于永祐陵正西偏北一带。永思陵上宫在永祐陵西北，正向西南，下宫选址于上宫北偏西亥位。
附：吴皇后（宪圣慈烈）	庆元三年（1197）			永思陵正北偏西，实际永思陵上，下宫之间。

续　表

帝后名	驾崩时间	下葬时间	陵墓名称	位　　置
宋孝宗	绍熙五年（1194）六月九日，六月十三日大殓成服	绍熙五年（1194）十一月十一日启攒，二十八日，掩攒，下葬	永阜陵	永阜陵址定在永祐陵与永思陵的下宫南侧，永思陵上宫的东北方向。
附：谢皇后（成肃）	开禧三年（1207）		永阜陵	永阜陵正北。
宋光宗	庆元六年（1200）八月	庆元六年（1200）十一月二十日启攒，十二月九日掩攒	永崇陵（从光宗驾崩至下葬仅仅相隔三个多月，远不足"七月之期"）	永阜陵西，永思陵下空闲地段。永崇陵下宫在其上宫之北偏西。
宋宁宗	嘉定十七年（1224）闰八月三日	宝庆元年（1225）三月十二日掩攒	永茂陵	拆迁泰宁寺，西迁至颜家山，将其地建陵。陵园位置离开原来新妇女尖的南陵区，新辟宝山山北陵区。
附：杨皇后（恭圣仁烈）	绍定五年（1232）	绍定六年（1233）四月	永茂陵	按惯例，应在永茂陵上、下宫之间。
宋理宗	景定五年（1264）十月	咸淳元年（1265）三月	永穆陵	宋、元两代官修史书均缺载。据明万历三年《绍兴府志》载，永穆、永绍二陵位于陵区北侧的山地南坡。
宋度宗	咸淳十年（1274）七月	德祐元年（1275）正月	永绍陵	《会稽县志》和万历十五年《绍兴府志》《县志》称永绍宫山，《府志》作雾连山，永绍在其东。

说明：此表为南宋六陵考古展方案中的部分内容，参考诸多史料汇总而成，故未一一标注资料来源，仅供研究与对照参考。

附录2:杭州西湖周边南宋攒宫、攒所寺院地理位置示意简图

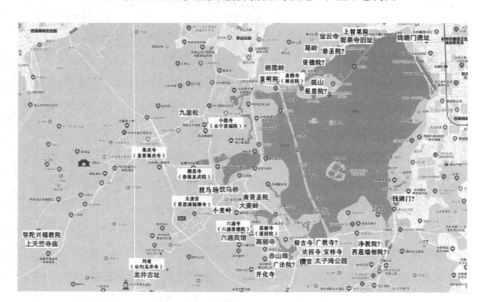

说明:本图示利用现代360地图标识。图中所标地理位置可与正文内的图1相对应。但鉴于古今地理位置和地形地貌的变化,大多数寺院已无存,具体地理位置也暂时无法考证,故此图仅标识出当今地图可见的大致方位,以供对照参考。

1. 黑体字标注的是《咸淳临安志》宋版《西湖图》中现在遗存的或重新发现的与南宋攒宫、攒所寺院相关的古迹和地名。

2. 宋体字标注的是《咸淳临安志》宋版《西湖图》中标出大致位置或位置范围可考的与南宋攒宫、攒所寺院相关的古迹和地名。位置方位暂不可确切考证的在后面标注"?"。

3. 地图中距离西湖较远的攒所寺院(9)崇先袭庆寺和(18)能仁寺无标注。

平生品味似评诗[*]

——基于宋韵的浙菜传承与发展

周　膺(杭州市社科院)　吴　晶(浙江省社科院)

内容提要：作为中国"八大菜系"之一的浙菜发源于宋代。浙菜在宋代即具有较多南北文化交流因素,并且有十分强烈的时代性取向,形成融汇四方、山肴海错、水陆毕陈、博赡精致的特点,呈现多元化、世俗化、精细化、文饰化的文化面貌。但由于地域自觉性不强等原因,后来较长时间维持于庞杂局面,最有文化内含的精华部分未被淬炼,遗存的大部分是较晚近的与农耕或经商生活相适应的简餐,未从整体上实现现代转进。未来应当基于宋韵进行文化反思,注重学理化提升,基于时代需求强化创意改造,实现系统化体系建构,通过诗化命名打造和推广品牌。

关键词：浙菜;宋韵;学理;创意

"中国菜"与饮食产业、旅游产业等相关度极大,其发展日益受到各地重视。浙菜是中国菜的重要组成部分,在浙江服务业混成发展中不仅容量一再增加,而且引发效应也不断加强,构成不少项目的先导或核心。但也应当看到,其品牌引导力还是比较薄弱的。与世界著名菜系相比,专业技艺、口味特色和文化品味等方面都存在较大差距。与中国的粤菜、川菜等相比,地域特征和口感特色也不明显。这与对食材特殊性的认知和科学机理性加工的局限有关,也与传统饮食文化相脱节有关。现代菜系意义上的中国菜发

＊　本文为宋韵文化研究传承中心课题。

源于宋代,明清以后宋菜由庞大繁杂逐渐向地域化方向细分发展,所谓的"四大菜系""八大菜系"是其代表。浙江虽有宋菜发展最为充分的先天条件,但由于地域自觉性不强等原因,较长时间维持于庞杂局面,最有文化内含的精华部分未被淬炼,乃至于被遗忘遗失;遗存的大部分是较晚近的与农耕或经商生活相适应的简餐,层次较低。本文对宋代以来浙菜的发展进行回顾分析,提取较高层次的烹饪技艺和文化资源,并与世界著名菜系比较,以期助推浙菜的创意性新发展。

一、八大菜系与浙菜宋韵

(一) 八大菜系与浙菜

"菜系"是一个后视性商业品牌概念。中国历史上最早的相类概念是民国时期出现的"帮口菜"。"帮"与明清时期出现的"商帮""盐帮""票帮""船帮""驼帮""车帮""马帮"等有关,"口"指口味。民国时期纂《上海县续志》卷三〇《杂记三·遗事》载:"饮馔品,本帮而外若京、苏、徽、宁各帮皆较奢靡,今则无帮不备。月异日新,即盛馔器往往舍篑用碟,步武欧风。"①民国 28 年(1939)11 月 23 日《总汇报》刊载的南宫《上海菜馆的阵容》一文云:"粤川两帮——上海的菜馆,当以广东帮势力最为雄厚,近年来四川菜馆,因了菜肴的鲜美,恰合于上海居民口味,生涯大盛,大大小小的川馆,开设了不少,与广东馆同为上海菜馆两大帮。"民国时期也出现"粤菜""川菜""徽菜""京菜(北平菜)""杭州菜""船菜"等称谓,如民国 36 年 1 月 16 日《申报》刊载的《雄视诸业的粤菜》《异军突起的川菜》《徽菜,在没落途中》《杭州菜及其他》等文。中华人民共和国成立后,"帮"被取缔,帮口菜馆随之消亡。20 世纪 60 年代,时任商业部长的姚依林向外宾介绍中国地方风味时指出:"我国菜肴风味流派有四大菜系。在北方,黄河上下,长城内外,属京鲁菜系;在西南,川、滇、湘、黔属川湘菜系;在东南,两淮、三

---

① 吴馨等修,姚文枏等纂:《上海县续志》,民国 7 年(1918)上海文庙南园志局刊本。

江、五湖,长江中下游,属淮扬菜系;在岭南,珠江、两粤及闽台部分地区,属粤闽菜系。"①此说当是商业部的一种"官方"用语。中国财政经济出版社1975年开始陆续出版的"中国菜谱"丛书也采用"菜系"说法。1983年11月11日《经济日报》"小资料"栏目刊载《久负盛名的四大菜系》一文云:"目前国内较大的菜系约有十余种,其中以川、鲁、粤、苏四大菜系最负盛名。"1980年6月20日《人民日报》"小常识"栏目刊载汪绍铨《我国的八大菜系》一文又提出鲁、川、苏、浙、粤、湘、闽、徽"八大菜系"概念。此后又有"九大菜系""十大菜系""十二大菜系"的提法。另外,"本帮菜""扬帮菜""川帮菜""杭帮菜"等传统的"帮口"说法重新兴盛。

综合而言,作为品牌概念的"菜系",指在选料、切配、烹饪等技艺和理论方面经长期发展演变而自成体系、具有鲜明地方特色和文化内涵而得到公认的菜肴流派。清代初期川、鲁、粤、苏菜成为最有影响力的地方菜,清末又分化出浙、闽、湘、徽菜等。20世纪80年代形成"四大菜系"和"八大菜系"概念。后来这一概念进一步衍生,又形成世界菜系概念。一般认为,世界上大略有三大菜系,即东方菜系、欧美菜系和清真菜系。东方菜系以中国菜、日本菜、韩国菜、泰国菜、印度菜等为代表,欧美菜系以法国菜、意大利菜、美国菜、俄罗斯菜等为代表,清真菜系以土耳其菜等伊斯兰菜为代表。中国菜内部又有不同门派,诸如上述"四大菜系"和"八大菜系"。

在上述概念系统中,浙菜是从苏菜或淮扬菜系中分化出来的。苏菜的出名与淮河、扬子江(长江)下游地区在大运河交通中特殊的历史地位有关,而论历史渊源,浙菜在宋代的成就当略高一筹,它其实是两浙菜系集成的产物,并非局限于今天的浙江政区。

(二) 宋代南北文化交流与浙菜的二元因素

先秦文献即有零星的食料或菜点记载,这些记载显示当时的食料或菜点都比较简陋。此后直至唐代以前相关记载仍很少。唐代段成式《酉阳杂

---

① 陈忠明、邱杨毅、胡国建:《H 型架构下的淮扬菜体系》,《中国食品》2005 年第 14 期。

俎》卷七《酒食》列举全国各地 100 多种珍肴异馔,如河隈之鲊、巩洛之鳟、洞庭之鲋、灌水之鲤、御宿青穄、瓜州红菱、冀野之粱、会稽之菰、不周之稻、玄山之禾、杨山之穄、南海之秬、寿木之华、玄木之叶、梦泽之芹、具区之菁、杨朴之姜、招摇之桂、越酪之菌、长泽之卵、三危之露、昆仑之井等,也记了几种烹饪方法,但主要是杂述菜点之奇特。又今存唐代杨晔《膳夫经手录》残卷介绍了虏豆、伦子、胡麻、薏苡、薯药、芋头、桂心、萝卜、蒌蒿、苜蓿、勃公英、苜蓿、勃公英、刺结、水葵、菰蒌、木耳菌子、芜荑、羊、牛粪、鹌鹑、祸侯、鸳鸯、鳗鲡、鲂鱼、樱桃、枇杷、茶、鲙、馎饦等 30 多种动植物原料,有的涉及食用或烹饪方法,但一般只是简单介绍基本特性。这两部书是中国较早的与烹饪有关的文献,由其记载可知当时尚无菜谱概念,菜系意识更无从谈起了。

中国菜系总体上发源于宋代。在"四大菜系"中,发源较早的是鲁菜和苏菜。鲁菜有较多先秦鲁国因素,苏菜在隋唐大运河开凿后就开始发展,但真正形成菜系都要到宋代。浙菜和粤菜的成熟也是较早的,浙菜与苏菜有较大相关性,某种程度上说是一体的。粤菜后来受外来影响较多。川菜至明末辣椒传入后才逐渐形成。

浙菜在宋代形成和成熟主要有 3 种诱因。其一,共器共餐的合餐制完全取代过去的分餐制,成为主流餐制,从而萌生花式丰富的"一桌菜""一席菜"概念和"菜谱"乃至风味菜系的意识。魏晋南北朝以前中国人起居基本为席地而坐,对应的餐饮家具为适应分餐制的俎(面为槽型的案)和案等低足小型家具。当时等级制度森严,宴饮活动严格按照等级排位入座,也强化和规约了分餐制。魏晋南北朝到北宋前期,由于胡床等家具传入,人开始垂足而坐,与之相适应出现高型桌案。高型桌案较宽大,可供多人同桌不同盘宴饮,是以逐渐形成分餐为实合餐为形的会食。另外,就社会面而言,因低坐与高坐杂处,等级秩序不断突破,真正的合餐也开始出现。于是进入分餐向合餐发展的过渡阶段。到北宋中后期,高足家具使用已较普遍,合餐制构成主流。张择端《清明上河图》绘有许多酒肆,店内高桌长凳,已无分餐形式。合餐制客观上要求菜点多样而不再是单一或单调。由于北方文化南传,特别是南宋建都临安,使两浙地区最早实现上述变革。其二,宋代商品经济发展助推了"帮口菜"形成。宋代开始中国真正进入自由经商的商品经济时代,一些繁荣的商业城市因商帮集聚,使原本分散于农村的地方风味菜集成于一地,并不断吸收外来因素改良提升,从而形成具有特殊风味特色和商业品牌效应、规模经营效应、文化个性特征的"帮口菜"。许多文献记载南宋两浙路临安、绍兴、庆元等府引入大量北方菜,也有许多新的混成发明。这种混成发展原理与近代以来的菜系改良是一样的。如 20 世纪 20 年代广州茶楼推出"星期美点",当地厨师借鉴苏式点心和西餐技法革新粤菜点心,每周加以更新。其三,宋代"一日三餐"制的推行强化了菜系体制和菜系文化。宋代以前的一些文献有"一日三餐"记载,但享用主体主要限于贵族。唐、五代推行面有所扩大,"中餐""午饭"这类词汇开始流行。如贾岛《送贞空二上人》诗云:"林下中餐后,天涯欲去时。"①白居易《咏闲》云:"朝眠因客起,午饭伴僧斋。"②但由于生产力水平有限,普通民众还不具备享用能力。加上白天持续劳作,城市还实行宵禁,缺乏享用的时空条件,所以"一日三餐"还不普遍。宋代经济生活水平较大提高,宵禁也被取消,城市夜市兴起,居民夜行或夜生活十分普遍,"一日两餐"已不足以支持体能消耗,所以有需求也有能力实行"一日三餐"制。两浙地区,特别是都城临安等城市,应该在这时较普遍实行了这种饮食制度。四是餐饮服务的专业化。宋代出现分工细化的专业厨师,其中还包括许多女性。南宋洪巽《旸谷漫录》云:"京都中下之户不重生男,每生女则爱护如捧璧擎珠。甫长成,则随其资质,教以艺业,用备士大夫采拾娱侍,名目不一。有所谓身边人、本事人、供过人、针线人、堂前人、剧杂人、拆洗人、琴童、棋童、厨娘等级,截乎不紊。就中厨娘最为下色,然非极富贵家不可用。"③但河南省洛阳市偃师区酒流沟宋墓厨娘画像砖拓本显示她们的地位并不低。拓本中 4 位厨娘均梳高髻,一位

---

① (唐)贾岛:《送贞空二上人》,载(清)曹寅、彭定求等辑:《全唐诗》卷五七二,中华书局,1960 年,第 6635 页。

② (唐)白居易:《咏闲》,载(清)曹寅、彭定求等辑:《全唐诗》卷四五〇,第 5076 页。

③ (宋)洪巽:《旸谷漫录》,载(元)陶宗仪编:《说郛》卷二九上,上海书店出版社,1986 年。

穿对襟旋袄,另 3 位外穿褙子,装束高雅。她们正在分工工作。左边那位整理发髻和首饰准备下厨,第二位挽起衣袖准备斫鲙,第三位在烹茶,最后一位在涤器。陕西省蓝田县吕氏家族墓地出土大量精美的北宋餐具,除陶瓷外还有许多金属器,适用盛放各种菜肴。这些情况在两地区也是相类的。由于饮宴之风盛行,临安还出现专门为"筵会"服务的"四司六局"。南宋周密《武林旧事》卷六《赁物》载:"凡吉凶之事,自有所谓茶酒厨子专任饮食请客宴席之事。凡合用之物,一切赁至,不劳余力。虽广席盛设,亦可咄嗟办也。"①所谓"四司",即帐设司、茶酒司、厨司、台盘司。帐设司专掌仰尘、录压、桌帏、搭席、帘幕、屏风、书画、画帐等布置,茶酒司(或名宾客司)专管邀宾宴会、送迎亲姻、传语取复、请坐、斟酒、上食、喝揖以及协助主家招待宾客,厨司专掌放料批切、烹制菜肴等,台盘司专掌菜肴上桌和碗盘清洗等。所谓"六局",即果子局、蜜煎局、菜蔬局、油烛局、香药局和排办局。果子局负责筹办装点时新水果、南北京果(进贡水果)、海腊肥脯等,蜜煎局供应蜜饯盘果等,菜蔬局采办菜蔬和时新食料等,油烛局掌管灯火照明等,香药局提供香料和醒酒药等,排办局掌管椅桌及相关清洁等。

　　浙菜在宋代肇兴伊始即具有南北两种文化基因。北方因素主要是旱地(草原)、西域动植物原料,如牛、羊、菠薐、茄子、韭黄、芜菁、紫苏、芥菜、葫芦、百合、苜蓿、姜、葱、薤(薤头)、大蒜等,制作上重炖、烤、炙、煠、熘等。南方因素主要是湿地(海洋)、山地动植物原料,如猪、鸡、鹅、鱼、虾、蟹、贝、紫菜、苔心菜、黄芽菜、藕、菌、笋等,制作上重炒、烧、煎、爊、煨、揎、腌等。而总体上浙菜有"南料北烹"特征,综合南北烹饪口味。事实上宋代许多餐饮原料也转移到南方生产。如北宋时北方草原的绵羊引入环太湖地区圈养,逐渐变成湖羊。北宋沈括《梦溪笔谈》卷二四《杂志一》云:"大底南人嗜咸,北人嗜甘。鱼蟹加糖蜜,盖便于北俗也。"②此论有争议,但从苏菜、粤菜尤其是其点心偏甜可以得到佐证。文献中记载和现存的浙菜口味也可证明。

---

① (宋)周密:《武林旧事》,李小龙、赵锐评注,中华书局,2007 年。
② (宋)沈括撰,胡道静校证:《梦溪笔谈校证》,上海古籍出版社,1987 年,第 776 页。

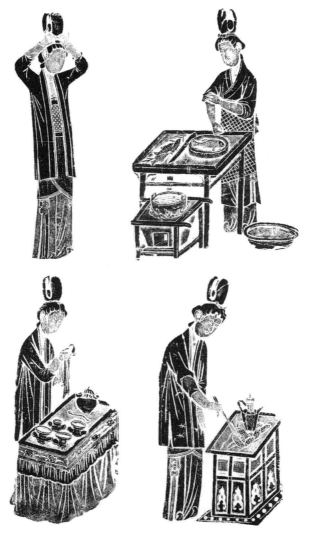

图1　河南省洛阳市偃师区酒流沟宋墓厨娘画像砖拓本(国家博物馆藏)

（三）浙菜在宋代的时代性取向

宋代以前以肉食为美，素菜种类不多，也往往不被视为美食。而在宋代，浙菜将素菜地位提高到与肉类相当，以更好地利用本地土壤和气候等种植条件，同时也适应山区、水网资源特点改善当地人的营养结构。宋代素菜烹饪技术也有很大发展。代表其最高成就的是以豆类等仿荤素菜,如假河豚、假圆鱼、假蛤蜊、假野狐、假炙獐等。另外以蔬菜为主要原料的羹汤也很多,多不用鱼、肉而只用蔬菜制作的菜羹,如莲子头羹、枕叶头羹、碧涧羹、玉糁羹、锦带羹、玉带羹、白石羹、金玉羹等数十种。南宋陆游《老学庵笔记》卷八载:"建炎以来尚苏氏文章,学者翕然从之。而蜀士尤盛,亦有语曰:'苏文熟,吃羊肉。苏文生,吃菜羹。'"①

宋代油菜(芸薹)从菜、油两用的蔬菜转变为以菜籽榨油原料为主,自南宋起油菜逐渐取代芝麻(胡麻)成为主要食用油料作物。"油菜"一词始见于南宋佚名《务本新书》。南宋林洪《山家清供》卷下《山家三脆》也提到:"嫩笋、小蕈、枸杞头,菜油炒作羹,加胡椒尤佳。"②南宋黄公绍《在轩集》之《望江南·雨》诗云:"油菜花间蝴蝶舞,刺桐枝上鹁鸠啼。"③又《宋会要辑稿·食货五二之三·油醋库》载:"油醋库,在建初坊。掌造麻、荏、菜三等油及醋,以供膳局。"④菜油在两浙取代芝麻油的主要原因:一是油菜生长适应性强,与芝麻相比更适应两浙湿润气候。二是水稻、油菜在两浙可实行一年两熟轮作制,这使油菜的种植面积不断扩大。三是油菜油、蔬两用可使两浙在人多地少的情况下能够满足对蔬菜、油料的双向需求。四是油菜籽油和芝麻油相比价格较低,与荏油(紫苏油)相比则口味更清香一些。豆油也发源宋代。传苏轼《物类相感志·饮食》称"豆油煎豆腐,有味"⑤,是有关豆油的最早记载。

宋代以前热菜的调味品主要是豆豉,宋代变为以酱为中心。酱又演化为酱油,由此逐渐形成中国菜肴的调味特征。南宋吴自牧《梦粱录》卷一六《鲞铺》载,临安"处处各有茶房、酒肆、面店、果子、彩帛、绒线、香烛、油酱、食米、下饭鱼肉鲞腊等铺"⑥。南宋时日本僧人无本觉心在径山寺学得味噌

① (宋)陆游:《老学庵笔记》,李剑雄、刘德权点校,中华书局,1979年,第100页。

② (宋)林洪:《山家清供》,乌克注释,中国商业出版社,1985年,第66页。

③ (宋)黄公绍:《在轩集》,《景印文渊阁四库全书》本。

④ (清)徐松辑:《宋会要辑稿》,中华书局,1957年,第5700页。

⑤ (宋)苏轼:《物类相感志·饮食》,载(元)陶宗仪辑:《说郛》卷二二下,《景印文渊阁四库全书》本。

⑥ (宋)吴自牧:《梦粱录》,傅林祥注,山东友谊出版社,2001年,第222页。

（一种豆瓣酱）和酱油制法,传到日本。宋代以前鲙(脍)等生食凉拌菜调味多用蒜齑,宋代则较多用橙等捣齑。

宋代盛行茶(点茶)、果子(果饮)和酒,与餐饮配伍。酒类主要有黄酒(米酒、红酒、羊羔酒)、果酒(葡萄酒、梨酒、荔枝酒、石榴酒、蜜酒等)、配制酒(芳香植物配制酒、滋补型药酒等)。黄酒以大米作原料,以麦作曲,是大宗食品。宋代两浙酒业十分发达,既是主税源之一,也形成庞大的民间私酿体系。北宋吴兴人朱肱侨居杭州大隐坊(今大井巷南端环翠楼)酿酒,所著《北山酒经》为两浙酿酒技术精华所在,堪称中国古代水平最高的酒典。

（四）宋代浙菜的烹饪方式和特点

中国现代烹饪方法宋代已基本具备,如炖、蒸、煮、炒、煎、熬、炸、熘、炙、烤、煨、烧、爊、焐、焯、焙、煿、炰、撺、腌等,有数十种之多。后代许多烹饪用语也是从宋代开始出现的,如煠、撺、炻、爊、鲙等。清代以后"煠"写作"炸","撺"写作"氽"。炻是将原料用油煎炒后加汤汁、调料再以小火收干,爊指略煎之后加配菜和调料同煮。宋代"鲙"专指刺身,以与"脍"(肉)相区别。宋代以前盛行炖、烤,宋代多炒,出现大量用"炒"字命名的菜肴,如炒兔、生炒肺、炒蛤蜊、炒蟹、旋炒银杏、炒羊等。在炒的基础上又发明了煎、爊、爆等烹饪方法。宋代炒菜的兴起与铁锅的广泛使用和油料增加有关。中国至少在春秋战国时已开始冶铁,但因只能以炭为燃料,难度较大。宋代发生了"煤铁革命",铁锅才有可能进入寻常百姓家。如前所述,宋代菜油、豆油实现量产,且超越于芝麻油。宋代还颇流行签菜,如莲花鸭签、鸡丝签、羊舌签、双丝签、荤素签等。签菜即卷筒菜切片。一般将主料切丝,加辅料蛋清糊成馅裹入猪网油之类做成网油卷,蒸熟后拖糊再炸,就像将馅装入筷筒一样包拢起来,然后刀切装盘。

唐代北方主粮为粟、麦、稻,南方为稻、粟、麦。唐代中后期小麦上升到与粟同等重要的地位。宋代则整体上转变为稻、麦、粟格局,两浙的主粮是稻、麦。稻米的蛋白质含量为 8% ~ 11%,口感较好的精米只有 6% ~ 7%,小麦则可达到 13.5% ~ 14%。但南方人食用稻米的同时以鱼类等水产品补充蛋白质,另外也较多食用面食,构成新的营养体系。两浙的水产品又是特别丰富的。唐代因未普及发酵技术,面食不易消化吸收,影响了消费。宋代面食烹饪不仅多样,如烤、烙、煎、炸、煮、蒸等,而且因普及发酵技术十分流行蒸,逐渐造就与西方烤制面食体系相对的蒸制面食体系。两浙的面食改良十分彻底,大大推动面食发展。

(五) 宋代浙菜的主要特征和文化内涵

美国人类学家 E. N. 安德森(E. N. Anderson)《中国食物》一书指出:"宋朝时期,中国的农业和食物最后成形。食物生产更为合理化和科学化。到宋朝末年,不再由汉人统治的华北已在农业上成熟。此后直至 20 世纪中期,就很少再发生变化了。华南在此后历朝中扩大了农耕,并增加了新的农作物,但那里的模式还是在宋朝确立的,而且并未伴有多少技术上的基本变化。" "中国伟大的烹调法也产生于宋朝。唐朝食物很简朴,但到宋朝晚期,一种具有地方特色的精致烹调法已被充分确证。地方乡绅的兴起推动了食物的考究:宫廷御宴奢华如故,但却不如商人和地方精英的饮食富有创意。"[1]1998 年美国《生活》杂志评选近 1000 年影响人类生活最深远的 100 件大事,中国有 6 件入选,北宋开封的饭馆和小吃列第 56 位。而其实南宋临安的饮食更胜一筹。北宋都城开封已出现北馔、南食、川饭和素食四大菜系,南宋两浙进一步丰富发展。《梦粱录》卷一六《面食店》云:"向者汴京开南食面店,川饭分茶,以备江南往来士夫,谓其不便北食故耳。南渡以来,几二百余年,则水土既惯,饮食混淆,无南北之分矣。"陆游《食酪》诗云:"南烹北馔妄相高,常笑纷纷儿女曹。未必鲈鱼苣菰菜,便胜羊酪荐樱桃。"[2]两浙与巴蜀的景况一样。

安德森认为,中国的农业和食料在宋代基本定型,由此也使烹饪技术大体定型。商人和地方精英是其创造主体,中国菜是古代农业文化与商业文化相互作用的结果。中国历史上有数次规模较大的人口南迁,导致魏晋南

---

① [美]E. N. 安德森:《中国食物》,江苏人民出版社,2002 年,第 54 页。
② (宋)陆游:《陆游集》之《剑南诗稿》卷八一《食酪》,中华书局,1976 年,第 1891 页。

北朝时期东南地区经济发展水平超过中原。隋唐时开凿大运河,经济中心进一步南移。北宋靖康之乱后,宋室南渡,两浙地区的农业、手工业、商业空前繁荣,为浙菜的形成和发展奠定了社会基础。由于宋代两浙汇聚天下人口,各种商帮商会兴起,各地食料只要气候允许也在这里得到有效开发,因而形成了浙菜融汇四方、山肴海错、水陆毕陈、博赡精致的特点,并呈现多元化、世俗化、精细化、文饰化的文化面貌。

二、宋代以来浙菜的学理化和文饰化及其发展

(一) 料理与浙菜的学理化

浙菜在宋代已较大程度进入学术视野。吴自牧《梦粱录》、周密《武林旧事》、耐得翁《都城纪胜》、西湖老人《西湖老人繁盛录》、司膳内人《玉食批》等著作记载了南宋都城临安浙菜种类。《梦粱录》卷一六《分茶酒店》所列菜点300多种,卷一六其他各节以及卷六各节、卷一三《诸色杂货》还有大量记载。《武林旧事》卷九《高宗幸张府节次略》记菜点水果260种。浙菜是这些学人论证宋代经济、文化、城市以及典章制度的重要史料。上述著作也有较多内容涉及烹饪技术。

南宋林洪《山家清供》和吴氏《吴氏中馈录》是有关烹饪技术和烹饪文化的专著,是专业性学理论述。《山家清供》收录以山野蔬菜(豆、菌、笋、野菜等)、水果(梨、橙、栗、杏、李等)、动物(鸡、鸭、羊、鱼、虾、蟹等)为主要原料的两浙104种食品,记其名称、用料、烹制方法,包括许多奇妙的烹饪方法,间涉掌故、诗文等,内容丰富,涉猎广泛。浦江女厨师吴氏《吴氏中馈录》分脯鲊、制蔬、甜食三大类,详细记载浙西南76种菜点的制作方法,包括炙、腌、炒、煮、焙、蒸、酱、糟、醉、晒等,代表当时民间烹饪的最高水平。书中3次提到用酱油做菜,分别是用酱油做肉丝,用酱油和香油做醉蟹,用酱油、麻油、醋、白糖撒拌和菜。另还最早记载了金华豆豉的制法,包括酒豆豉和水豆豉,并说明制成后"隔年吃方好,蘸肉吃更妙"①。

---

① (宋)吴氏:《中馈录》,载(元)陶宗仪辑:《说郛》卷九五上,《景印文渊阁四库全书》本。

　　宋代以后,不少人对包括浙菜在内的宋菜进行更加深入系统的研究。传明青田县柔远乡九都(今属文成县南田镇武阳村)人刘基《多能鄙事》卷一至卷四《饮食类》载录宋元饮食制法。卷一记造酒法 16 种、造醋法 16 种、造酱法 9 种、造豉法 8 种、鲊法 15 种、糟酱腌藏法 42 种,卷二记制酥酪法 7 种、烹饪法 37 种、饵饼米面食法 14 种、回回和女真食品 50 种,卷三记造糖蜜果法 15 种、治蔬菜法 68 种、茶汤法 29 种,卷四记老人疗疾方 101 种、养生图说十二式 1 种,可与《梦粱录》《武林旧事》《都城纪胜》《西湖老人繁盛录》《山家清供》《吴氏中馈录》互证。其中回回和女真饮食当也融入浙菜。唐代以来,两浙地区已经有许多穆斯林商人定居,其烹饪技术当已传入。

　　日语将烹饪称作"料理"。日本料理由古代大飨料理、精进料理、本膳料理和怀石料理等发展而来,大飨料理发源于时为中国唐宋时期的日本平安时代(794—1192),怀石料理形成于时为中国明代晚期的日本安土桃山时代(1573—1603)。日本料理意义上的"料理"一词内含了对食料理解或析理的意思。从古代料理发展到当代融合西方料理的折中料理、多元料理,日本料理都有这种特质。制作日本料理,要求材料新鲜、切割讲究、摆放艺术化,注重"色、香、味、器"四者和谐统一。清代杭州著名文学家袁枚对中国烹饪之析理也见功卓著。他于乾隆五十七年(1792)出版《随园食单》,系统论述宋代以来中国南北菜点及其烹饪技术,包括大量浙菜。全书分为须知单、戒单、海鲜单、江鲜单、特牲单、杂牲单、羽族单、水族有鳞单、水族无鳞单、杂素单、小菜单、点心单、饭粥单和菜酒单 14 个方面,详细地记述 326 种菜点做法,是中国古代水平最高的食学专著,有"食经"之称。袁枚因此也被誉为"食圣"。

　　《随园食单》首篇《须知单》分先天须知、作料须知、洗刷须知、调剂须知、配搭须知、独用须知、火候须知、色臭须知、迟速须知、变换须知、器具须知、上菜须知、时节须知、多寡须知、洁净须知、用纤须知、选用须知、疑似须知、补救须知、本分须知 20 项,总体上对烹饪机理进行了极为深刻的论述,批判性总结了中国烹饪的核心问题,并以实验为基础提出许多具有科学性的论断。其中先天须知谓"凡物各有先天,如人各有资禀",强调选配优质食料,如"鲫鱼以扁身白肚为佳,乌背者必崛强于盘中;鳗鱼以湖溪游泳为贵,江生者必槎枒其骨节;谷喂之鸭,其膘肥而白色;壅土之笋,其节少而甘鲜"。作料须知谓"厨者之作料,如妇人之衣服首饰也。虽有大姿,虽善涂抹,而敝衣蓝缕,西子亦难以为容",言调料的重要,如"酱有清浓之分,油有荤素之别,酒有酸甜之异,醋有陈新之殊,不可丝毫错误。其他葱、椒、姜、桂、糖、盐,虽用之不多,而俱宜选择上品"。调剂须知谓"调剂之法,相物而施",强调因物调剂,如"有酒水兼用者,有专用酒不用水者,有专用水不用酒者;有盐酱并用者,有专用清酱不用盐者,有用盐不用酱者;有物太腻,要用油先炙者;有气大腥,要用醋先喷者;有取鲜必用冰糖者;有以干燥为贵者,使其味入于内,煎炒之物是也;有以汤多为贵者,使其味溢于外,清浮之物是也"。配搭须知谓"凡一物烹成,必需辅佐",言恰当配搭,如"要使清者配清,浓者配浓,柔者配柔,刚者配刚,方有和合之妙。其中可荤可素者,蘑菇、鲜笋、冬瓜是也。可荤不可素者,葱韭、茴香、新蒜是也。可素不可荤者,芹菜、百合、刀豆是也。常见人置蟹粉于燕窝之中,放百合于鸡、猪之肉,毋乃唐尧与苏峻对坐,不太悖乎?亦有交互见功者,炒荤菜用素油、炒素菜用荤油是也"。独用须知谓"味太浓重者,只宜独用,不可搭配",言独用食料混搭之忌,如"食物中,鳗也,鳖也,蟹也,鲥鱼也,牛羊也,皆宜独食,不可加搭配。何也?此数物者味甚厚,力量甚大,而流弊亦甚多。用五味调和,全力治之,方能取其长而去其弊。何暇舍其本题、别生枝节哉?金陵人好以海参配甲鱼,鱼翅配蟹粉,我见辄攒眉。觉甲鱼、蟹粉之味,海参、鱼翅分之而不足;海参、鱼翅之弊,甲鱼、蟹粉染之而有余"。火候须知谓"熟物之法,最重火候",强调火候之重要,如"有须武火者,煎炒是也,火弱则物疲矣。有须文火者,煨煮是也,火猛则物枯矣。有先用武火而后用文火者,收汤之物是也,性急则皮焦而里不熟矣。有愈煮愈嫩者,腰子、鸡蛋之类是也。有略煮即不嫩者,鲜鱼、蚶蛤之类是也。肉起迟则红色变黑,鱼起迟则活肉变死。屡开锅盖,则多沫而少香。火熄再烧,则无油而味失……鱼临食时,色白如玉凝而不散者,活肉也;色白如粉不相胶粘者,死肉也。明明鲜鱼,而使之不鲜,可恨已极"。

上菜须知谓"上菜之法,盐者宜先,淡者宜后;浓者宜先,薄者宜后;无汤者宜先,有汤者宜后","且天下原有五味,不可以咸之一味概之。度客食饱,则脾困矣,须用辛辣以振动之;虑客酒多,则胃疲矣,须用酸甘以提醒之"。多寡须知谓"用贵物宜多,用贱物宜少",强调每次食料用量适当,如"煎炒之物多,则火力不透,肉亦不松。故用肉不得过半斤,用鸡、鱼不得过六两。或问:食之不足如何? 曰:俟食毕后另炒可也。以多为贵者,白煮肉,非二十斤以外则淡而无味。粥亦然,非斗米则汁浆不厚,且须扣水。水多物少,则味亦薄矣"。疑似须知谓"味要浓厚,不可油腻;味要清鲜,不可淡薄。此疑似之间,差之毫厘,失以千里。浓厚者,取精多而糟粕去之谓也。若徒贪肥腻,不如专食猪油矣。清鲜者,真味出而俗尘无之谓也。若徒贪淡薄,则不如饮水矣"。可谓字字珠玑。《戒单》又提出"戒外加油、戒同锅熟、戒耳餐、戒目食、戒穿凿、戒停顿、戒暴殄、戒纵酒、戒火锅、戒强让、戒走油、戒落套、戒混浊、戒苟且"烹饪 14 戒。①

传清乾隆年间(1736—1795)居扬州的绍兴籍盐商童岳荐编纂《调鼎集》,是书构成中国古代最大的一部烹饪著作。原书为国家图书馆藏稿本,张延年将其校释出版,编为调和作料部、铺设戏席部、特牲杂牲部、羽族部、江鲜部、衬菜部、蔬菜部、茶酒部、点心部、果品部 10 卷。收录菜点 2000 多种,以江苏、浙江菜为主,另外还有安徽、广东、河南、陕西、东北等地菜。

值得注意的是,宋代以后花生、土豆、玉米、番薯、西红柿、胡萝卜、辣椒、南瓜、洋葱、葵花(油料)等先后从国外引进两浙,进一步丰富了浙菜。宋代以后的烹饪著作对此进行论述,而就烹饪机理而言与上述著作是相似的。

(二) 浙菜的养生内涵

浙菜与其他中国菜一样自宋代以来即具有养生内涵。南宋史学家郑樵《食鉴》一书提出著名的"饮食三失""饮食六要"思想:"调养以救饮食三失:

---

① (清)袁枚:《随园食单》,中国商业出版社,1984 年,第 1—20、23—28 页。

一者,腹已馁,方进口,正美即止,用补胃脘所养冲和之气,以救饮食过度满胀之失也;二者,吃软暖食物,加熟嚼细吞,用补胃脘所受元阳之气,以救生冷硬食伤于腐熟之失也;三者,省鱼肉美味,服淳淡素食,用补胃脘所赋禀禄之气,以救享用过丰越于常分之失也。食养六要:食品无务于淆杂,其要在于专简;食味无务于浓酽,其要在于淳和;食料无务于丰赢,其要在于从俭;食物无务于奇异,其要在于守常;食制无务于脍炙生鲜,其要在于蒸烹如法;食物无务于餍饫口腹,其要在于饮饱处中。"①宋代素食体系的形成与这种观念有关。郑樵是兴化军莆田县(今福建省莆田市)人,曾多次到临安,其所论当也是两浙观念的反映。

元代宫廷太医忽思慧所著《饮膳正要》一书是中国或世界上较早的饮食卫生和营养学专著。全书分三卷,卷一主讲养生禁忌,卷二主讲食用利害,卷三介绍米谷品、兽品、禽品、鱼品、果品、菜品和料物的养生功效,内容涉及宋代以来的中国食料主体,虽然主要讨论食料药效和药剂制作,而非烹饪,但对浙菜发展也是有积极影响的。

明末清初兰溪籍戏曲家李渔《闲情偶寄·饮馔部》以家乡菜为重点介绍烹饪方法,品鉴饮食风味,论述饮食美学。其烹饪主张可以概括为 24 字诀:重蔬食、崇俭约、尚真味、主清淡、忌油腻、讲洁美、慎杀生、求食益。满含养生哲理,读后留香齿颊。

中国饮食自清代中期以来也发生较大变异,在较大程度上脱离了养生意识。民国 5 年(1916)杭州人徐珂编撰《清稗类钞》之《饮食类·各处食性之不同》对各地居民饮食偏好作了如下说明:"食品之有专嗜者,食性不同,由于习尚也。兹举其尤,则北人嗜葱蒜,滇、黔、湘、蜀人嗜辛辣品,粤人嗜淡食,苏人嗜糖。即以浙江言之,宁波嗜腥味,皆海鲜。绍兴嗜有恶臭之物,必俟其霉烂发酵而后食也。"②这则记载与今天的饮食风味分布颇为相近。鲁迅《马上支日记》指出:"对于绍兴,陈源教授所憎恶的是'师爷'和'刀笔吏

---

① （明)李诩:《戒庵老人漫笔》卷二《郑樵〈食鉴〉》,魏连科点校,中华书局,1982 年,第 53 页。

② 徐珂编撰:《清稗类钞》,中华书局,2010 年,第 6238—6239 页。

的笔尖',我所憎恶的是饭菜。《嘉泰会稽志》已在石印了,但还未出版,我将来很想查一查,究竟绍兴遇着过多少回大饥馑,竟这样地吓怕了居民,仿佛明天便要到世界末日似的,专喜欢储藏干物品。有菜,就晒干;有鱼,也晒干;有豆,又晒干;有笋,又晒得它不像样;菱角是以富于水分、肉嫩而脆为特色的,也还要将它风干。"①鲁迅将时间说早了,干菜之类的风行至早也只是在晚清。这类菜重口味,却与养生之道相违背,偏离了宋菜的韵意。这是当今浙菜发展面临的严重问题。

(三) 浙菜的仪规化

浙菜在宋代开始发展时即十分注重仪规。《梦粱录》卷一六《分茶酒店》载:"杭城食店,多是效学京师人,开张亦效御厨体式,贵官家品件。凡点索茶食,大要及时。如欲速饱,先重后轻……诸店肆俱有厅院廊庑,排列小小稳便儿。吊窗之外,花竹掩映。垂帘下幕,随意命妓歌唱。虽饮宴至达旦,亦无厌怠也。"②临安的普通饭店也是很讲究用餐礼仪和环境的。

宋代与唐代一样盛饮酒之风,且形成许多饮酒习俗,如饮宴时按巡饮酒、行令助觞、歌舞侑酒、女妓陪酒等。宋人多称"巡"为"行",饮酒的行数较唐代多。《梦粱录》卷三《宰执亲王南班百官入内上寿赐宴》、《武林旧事》卷一《圣节》和卷八《皇后归谒家庙》中所载宫廷酒宴为9行,《武林旧事》卷九《高宗幸张府节次略》记高宗幸张俊府第行宴则达15行。唐代酒令以器具令居多,宋代以文字令居多。唐人行令强调胜负,宋人行令注重参与。唐人行令比较豪爽,宋人行令比较文雅。唐代酒宴不仅有歌妓舞女等专业人员表演他娱性歌舞,也有参与酒宴的主人或宾客表演自娱性歌舞。宋代自娱性歌舞逐渐消失。由于全由歌妓舞女表演,演出水平一般较高。唐代公私酒宴常男女同席,宋代则极为少见,女妓入席陪酒只在妓馆等较多。这类

① 鲁迅:《华盖集续编·马上支日记》,《鲁迅全集》第3卷,人民文学出版社,1981年,第331页。
② (宋)吴自牧:《梦粱录》,傅林祥注,第213—216页。

侑餐方式折射了当时新的审美风尚。

（四）浙菜的诗性化与"意境菜"

袁枚《品味》（其一辛亥）诗云："平生品味似评诗,别有酸咸世不知。第一要看色香好,明珠仙露上盘时。"①秦淮八艳董小宛"善作海疆风熏之味"而名噪天下,清世祖曾谕令御膳房"效之仿试"。董小宛《奁艳》记录了董菜制法。明末清初文人钱谦益曾将董菜誉为"诗菜",如"鸡火鱼糊"因汤波层层有"春江一水闹秦淮"诗意。钱谦益还赞道："珍肴品味千碗诀,巧夺天工万种情。"②浙菜作为宋菜的一脉,很早就成就为具有这种特质的"诗菜"或"意境菜"。莼菜盛产于江南太湖、杭州西湖、绍兴鉴湖等地,被当作一种充满诗意的菜。北宋曾任杭州通判的杨蟠《莼菜》诗云："休说江东日日寒,到来且觅鉴湖船。鹤生嫩顶浮新紫,龙脱香髯带旧涎。玉割鲈鱼迎刀滑,香炊稻饭落匙圆。归期不待秋风起,漉酒调羹似去年。"③

据不完全统计,苏轼传世诗词3600多首中约700首涉及食事,其中200多首实写饮食。陆游传世诗词9300多首中1000多首涉及食事,约400首实写饮食。"诗中有食"或"诗言食"是"意境菜"的基础。苏轼《猪肉颂》诗云："净洗铛,少着水,柴头罨烟焰不起。待他自熟莫催他,火候足时他自美。黄州好猪肉,价贱如泥土。贵者不肯吃,贫者不解煮。早晨起来打两碗,饱得自家君莫管。"④又有"东坡烧肉十三字诀"："慢着火,少着水,火候足时他自美。"⑤苏轼还有《春菜》诗云："蔓菁宿根已生叶,韭芽戴土拳如蕨。烂蒸香荠白鱼肥,碎点青蒿凉饼滑。宿酒初消春睡起,细履幽畦掇芳辣。茵陈甘

---

① （清）袁枚：《品味》（其一辛亥）,《小仓山房诗文集》之《小仓山房诗集》卷三三《古今体诗一百一首》,周本淳标校,上海古籍出版社,1988年,第938页。

② 刘军丽：《晚明江南文士饮食生活研究——以董小宛为历史个案》,《天府新论》2007年第12期。

③ （宋）杨蟠：《莼菜》,载（清）厉鹗：《宋诗纪事》卷一六《杨蟠》,上海古籍出版社,1983年,第414页。

④ （宋）苏轼：《猪肉颂》,《东坡全集》卷九八《颂一十七首》,《景印文渊阁四库全书》本。

⑤ （宋）周紫芝：《竹坡诗话》,《景印文渊阁四库全书》本。

菊不负渠,绘缕堆盘纤手抹。北方苦寒今未已,雪底波棱如铁甲。岂如吾蜀富冬蔬,霜叶露芽寒更苗。久抛菘葛犹细事,苦笋江豚那忍说。明年投劾径须归,莫待齿摇并发脱。"①这首诗竟然写到蔓菁、韭芽、蕨、香茅、白鱼、青蒿、凉饼、茵陈、甘菊、菘、葛、苦笋、江豚 13 种菜名。陆游《饭罢戏示邻曲》诗云:"今日山翁自治厨,嘉殽不似出贫居。白鹅炙美加椒后,锦雉羹香下豉初。箭茁脆甘欺雪菌,蕨芽珍嫩压春蔬。平生责望天公浅,扪腹便便已有余。"②又《钗头凤·红酥手》词云:"红酥手,黄藤酒。满城春色宫墙柳。"③其中写到的"红酥手"其实是一种糕点。

《山家清供》卷上记载"银丝供"菜一道,实为琴师弹《离骚》一曲,取陶潜"琴书中有真味"(苏轼《哨遍·为米折腰》)之意。④《山家清供》还记录了以花入馔的 8 种花 12 道菜。8 种花是松花、栀子花、梅花、菊花、荼蘼花、芙蓉花、桂花、牡丹花。梅花用得最多。12 道鲜花馔即松花饼、蒼卜煎(又称端木煎,蒼卜即栀子花)、蜜渍梅花、汤绽梅、梅粥、梅花齑、素醒酒冰(加入梅花)、金饭(加入菊花)、荼粥、雪霞羹(加入芙蓉花)、广寒糕(加入桂花)、牡丹生菜。以花入馔体现了一种浪漫情调。《山家清供》更是以诗词来解释菜品的美妙。卷下言梅粥云:"扫落梅英,捡净洗之,用雪水同上白米煮粥,候熟,入英同煮。杨诚斋诗曰:'才看腊后得春饶,愁见风前作雪飘。脱蕊收将熬粥吃,落英仍好当香烧。'"又卷下为"莲房鱼包"作诗:"锦瓣金蓑织几重,问鱼何事得相容。涌身既入莲房去,好度华池独化龙。"⑤《山家清供》中的菜名也富有诗意,如碧涧羹(芹菜羹)、蓝田玉(葫芦片)、傍林鲜(煨笋)、柳叶韭(拌韭菜)、拨霞供(兔羹)、通神饼(葱油饼)、雪霞羹(芙蓉豆腐羹)、广寒糕(桂花糕)等。

---

① (宋)苏轼:《春菜》,载北京大学古文献研究所编:《全宋诗》卷七九九,北京大学出版社,1995 年,第 9147 页。
② (宋)陆游:《饭罢戏示邻曲》,《陆游集》之《剑南诗稿》卷四二,中华书局,1976 年,第 1073 页。
③ (宋)陆游:《钗头凤·红酥手》,《放翁词》,《景印文渊阁四库全书》本。
④ (宋)林洪:《山家清供》,乌克注释,第 40 页。
⑤ (宋)林洪:《山家清供》,乌克注释,第 65、55 页。

三、基于宋韵的浙菜继承创新

（一）对传统资源的研究挖掘与学理化提升

《山家清供》《闲情偶寄》《随园食单》为代表的中国古代食学经典内涵丰富,应当进行全面系统研究和资源发掘,借助现代科学技术手段进行整理优选和改良,并制定相应标准对浙菜进行全面检验优化。民国 34 年(1945)杨步伟在美国出版当代食学经典《中国食谱》(*How to Cook and Eat in Chinese*),堪称这方面典范。该书对久有传统、流行广泛的中国菜品普罗筛选,并进行现代科学意义上的分析阐释。著者用实验量具对所有菜品进行多次计量性烹饪实验,提出最佳烹饪方案,系统建立了以食材和配料用量、制作过程、制作技法、口味特征等为主要内容的菜点档案。著者还同时对中国饮食文化提出许多原创性见解。如其对《英语世界》读者说:"若把家宴比作是水平的,那么酒席(chiu-hsi),'铺开的酒(winespread)',就是垂直的。除了开始和结尾,你一次只吃一道菜。"赵元任进一步解释说:"以音乐类比的话,中国家庭的四菜一汤是有一个持续音部的四部复调,而中式酒席则是一长列独奏旋律配上有许多和弦的序曲和终曲。"①这是对中国饮食文化的新建树。杨步伟对中国烹饪学进行现代科学意义上的学理性研究,使中国传统烹饪学向现代烹饪学转进。然而 60 多年过去了,其响应度不高。在营养科学长足发展、烹饪设备大幅改善、烹饪方式和调味品日益丰富的历史条件下,浙菜与其他中国菜一样缺乏创生性新发展。一方面晚清以来形成的不良因素未被消除,另一方面宋代以来的合理因素未被发掘利用。这是浙菜发展需要解决的历史性课题。

（二）基于时代需求的创意改造

传统中国菜系在当下已经日益融合和趋同,原有特色越来越模糊,其主要原因是人的饮食口味更加现代化,即向返璞归真、营养保健方向发展。浙

① 杨步伟:《中国食谱》,九州出版社,2016 年,第 35—36 页。

菜应当本着品食为本、营养为上、适应大众、制作简易和文化增色的原则进行现代性创新改造。可利用宋韵饮食文化资源,以及各中国菜系、世界菜系资源,通过借鉴、翻新、组合、移植、添加、换味、变异等方法进行实验。尤其是分析当今流行菜的特点及其形成机理,本着现代科学原理和文化精神开发具有广阔市场效应的新浙菜。

(三) 系统化体系建构

目前"四大菜系""八大菜系"正在低水平衍化扩张,各菜系内部在膨胀,但创新度不高。作为"八大菜系"之一的浙菜究竟如何界定、如何表述、如何优化都存在问题。2018 年中国烹饪协会向世界发布"中国菜",包括 34 个地域菜系、340 道地域经典名菜(每省 10 道)和 236 席名宴名单。但这一数量远远不能反映"中国菜"。浙菜常常被指以杭州、宁波、温州、绍兴菜为代表,事实上现在浙江地方菜丰富多样、特色鲜明,如衢州菜就很有影响力。常山县打出"鲜辣常山"品牌,与四川"麻辣"、湖南"香辣"相区分。"鲜辣"其实是整个衢州菜的特色。浙江对纵向层级的地域菜系、流派、门派研究和品牌培育是不够的,需要以系统观进行整理和建设。

浙江省文化和旅游厅、浙江省商务厅等 2019 年印发《关于做实做好"诗画浙江·百县千碗"工程三年行动计划(2019—2021)》(浙文旅产〔2019〕9号),2020 年又印发《关于做实打响"诗画浙江·百县千碗"的通知》(浙文旅产〔2020〕5 号),组织全省县(市、区)评选各地代表性菜品"十大碗",构建包含食材配比、制作工艺、文化故事等内容的标准体系,推动美食产业体系建设。不过由于选拔面较广,普遍存在传统根据不足、多类同性、文化含量不足、科学性不强等问题,需在反思的基础上改进。应当从菜系的本义上来进行系统发掘和整理。

(四) 诗化命名与品牌推广

2018 年"中国菜"评选出的浙菜"十大经典名菜"是三丝敲鱼、千岛湖砂锅鱼头、西湖醋鱼、新二锦馅、鲳鱼年糕、烂糊鳝丝、雪菜笋丝大汤黄鱼、干菜焖肉、手剥龙井虾仁、里叶莲子鸡,"主题名宴"是 G20 国宴、人杰地灵宴、千岛养生鱼宴、东坡宴、诗画江南·笔墨湖州宴、咸亨宴、十六回切家宴、九姓渔民宴、民间风情宴。在命名上普遍缺乏诗化或文饰化色彩。浙菜命名原本有许多传统资源可以挖掘,未来可以改进。

应注重从非物质文化遗产视野对浙菜文脉、传承主体、地域商标等进行保护,系统发掘其中的优秀传统因素,并按照现代饮食风尚、营养学原理加以创意性、创造性转换和改造,构建具有整体性、层级性和文化性的新的浙菜体系,形成具有广泛竞争力的多元品牌,打造新的支柱性产业。

札 记

《宋天圣八年免灵隐山景德
灵隐寺赐田税牒》[①]新考

谢欣仪

（浙江大学古籍研究所）

内容摘要：《灵隐寺志》与《续修云林寺志》都收录了一篇北宋天圣八年的敕牒牒文，但该牒在不同记载中名称各异且系年不一。此牒原件收藏在灵隐寺，直到清代都有较好的保存状态，并在明清两代受到了钱塘文人的关注和讨论。通过对相关历史的考证和文献形态的观察，可以确定该牒与天圣四年章献刘太后赐钱买田一事有关，该牒应定名为《宋天圣八年免灵隐山景德灵隐寺赐田税牒》。该牒的留存，一方面展示了灵隐寺受到北宋皇室的推崇，彰显其荣光；另一方面也是对寺产合法性的确证和保障。

关键词：灵隐寺；寺田；敕牒

灵隐寺自东晋建寺以来声望颇著，不仅受到民间崇奉，也屡受中央朝廷重视。北宋天圣年间，章献刘太后曾下诏赐灵隐寺田，以示隆宠。数年后，灵隐住持延珊禅师因赐田的纳税问题上奏朝廷，并得到了免除田税的批示。此免田税牒见载于清人编辑的《灵隐寺志》和《续修云林寺志》中，从北宋颁发到清朝再被取出抄录，经历了约六百个春秋，是灵隐寺极为宝贵的藏品之一。清人对该牒的定年和定名进行了讨论，尤其是此牒在清代引起了灵隐寺志编修者们的兴趣与重视，其背后的历史值得关注。2013 年灵隐佛教文

---

① 《宋天圣八年免灵隐山景德灵隐寺赐田税牒》乃本文所定名，原被记为《宋天圣三年中书门下牒》或《宋天圣八年赐杭州灵隐山景德灵禅寺牒》，下文简称为《免赐田税牒》。

化论坛中,陈靖华曾发表《北宋天圣年间赐杭州景德灵隐寺常住田考》的报告,文章刊登于会议论文集中。其文讨论了章献太后赐田的前因后果,并对所赐购田款项的多少进行了分析,然而未能注意到这一事件发生时间在不同文献记载中的差异,也未能讨论这些文本的生成和文献价值。因此,本文拟从文献生成、流传以及版本等文献学视角出发,重新对《宋天圣八年免灵隐山景德灵隐寺赐田税牒》展开分析。

一、《灵隐寺志》与《续修云林寺志》的记载

《灵隐寺志》,又称《武林灵隐寺志》,康熙年间孙治辑、徐增重修,乃增删明万历年间白珩所修寺志而成。今白珩寺志已佚,孙《志》或为现存最早的灵隐寺志。该志卷二《梵宇》一节记载了章献太后所赐予《免赐田税牒》内容。

“宋天圣三年皇太后赐钱买田数附载”如下:

> 收买杭州钱唐县山林田土五顷;
>
> 盐官县思亭乡水田一千顷;
>
> 秀州崇德县积善乡水田一千顷;并免秋粮夏税。①

“宋天圣三年中书门下牒附载”如下:

> 杭州灵隐山景德灵隐寺住持僧禅定大师延珊奏:先奉皇太后圣旨,宣赐庄田,祝延今上皇帝圣寿,今已五年。累设过斋僧粥食四十余万,祝两宫圣寿。其田土,见今供纳秋夏二税,紬②绢三十四疋、赤线贰十一两贰钱,米共计七十三石七斗,系属杭州、秀州两处乡县,乞与放免上件税物,取圣旨。牒奉敕:宜令逐州子细勘会,如委实是宣赐庄田,据合

---

①　(清)孙治辑,徐增重修:《灵隐寺志》卷二,《杭州佛教文献丛刊》第三册,杭州出版社,2006年,第19页。

②　《杭州佛教文献丛刊》本“紬”作“绸”,此据《中国佛教史志会刊》本改。

纳夏秋二税,并与放免,即不得将不系宣赐田土税一例放免。牒至准
敕,故牒。天圣八年十二月六日牒。工部侍郎参知政事王(曾)、给事中
参知政事薛(奎)、给事中参知政事陈(尧佐)、吏部侍郎平章政事吕(夷
简)。①

同样保存了此牒记载的是《续修云林寺志》。《续修云林寺志》又称《云
林寺续志》,沈鏐彪在道光年间所撰,乃灵隐寺经历嘉庆大火后于道光年重
新修成的寺志。该志在前书基础上,增加了不少清代的材料,且对《免赐田
税牒》进行了重新收录。

卷五《墨迹》载《宋天圣八年赐杭州灵隐山景德灵隐禅寺牒墨迹》如下:

中书门下牒杭州灵隐山景德灵隐(下缺一"寺"字)

(缺"杭")州灵隐山景德灵隐寺住持禅定大师延珊奏:先(下缺一
"奉"字)

(缺"皇")太后圣旨宣赐庄田,祝延今上皇帝圣寿,今已五年,累设
过斋僧粥食肆拾余(下缺"万""祝"二字)两宫圣寿,其田土见今供纳秋
夏二税,紬绢叁拾肆(下缺一字)壹足肆,赤绵贰拾壹两贰钱,米共计柒
拾叁石柒(下缺一"斗"字),系属杭州、秀州两处乡县,乞与放免上件税
物,取圣旨。牒奉敕,宜令逐州子细勘会,如委实是宣赐到庄田,据合纳
夏秋二税并与放免,即不得将不系宣赐到田土内税物,一例放免。牒至
准敕。故牒。天圣八年十二月六日牒。

工部侍郎参知政事王　押

给事中参知政事薛　押

给事中参知政事陈　押

吏部侍郎平章事吕　押②

---

① 《灵隐寺志》,第19—20页。
② (清)沈鏐彪:《续修云林寺志》卷五,《杭州佛教文献丛刊》第五册,第119—120页。

除牒文外,《续修云林寺志》还收录了明代邵穆生的题跋和清代篆刻家丁敬的跋尾。其中,邵穆生的题跋记录了该牒的更多文献信息,兹录于下:

> 此敕传今几六百年,乃镇山一宝也。穆生为修《檀越志》,始得请一观其最美者。仁宗圣帝,四公名臣,瞻其遗恩,睹其亲押,今日者山人恍游天圣之年,尚友四公之侧矣,何幸何幸!按:是时吕秉政,文移闵末陈、薛,以外任故称给事中。印凡三:面一背二,乃"中书门下之印"六字。其书叠"中书"二字为一,"平章事"三字为一,亦中书体。内"先"字下失一字,疑是"奉""蒙"字,及"壹疋肆赤绵"不可晓。四公:吕名夷简,陈名尧佐,薛公奎,王公曾,易考见者也。南州主卍历庚寅六月晒经日,时梅雨颇凉,武林山中人兼灵隐寺行者住宰相峰下古庵邵穆生肃题。①

从内容的辑录来看,两志的牒文几乎没有差别,但《续修云林寺志》收录了前志所无的两段题跋,又对文字漫漶情况进行了详细描述,可见编撰时应当确实是见过《免赐田税牒》原牒的。因此,《续修云林寺志》的录文更能反映出该牒在清代的真实面貌。

相较而言,《灵隐寺志》所载恐怕直接抄录于他书,且必为万历以前的记载。从邵穆生的跋文可以看出,在明万历年间该牒就已经有所漫漶,如"先"字下缺字、"叁拾肆"下缺字等。孙治编辑《灵隐寺志》时,这些文本信息的缺失只会更多。案《灵隐寺志序》,该书的史源为明万历年间白珩纂辑的寺志,但白珩与邵穆生编灵隐寺志的时间较为接近,当时《免赐田税牒》的保存情况应当不会有很大差异。因此可以推测,孙治《灵隐寺志》中的《免赐田税牒》内容来源有两种可能:一是白珩所修寺志中录有来源更早的《免赐田税牒》文本,二是孙治另有其他史料来源。无论是哪种来源,该文本必抄录于明万历之前,是对牒文的完整保存。

---

① 《续修云林寺志》卷五,第 120 页。

二、清人的定年与定名考证

《免赐田税牒》的定年存在一定争议,由于争议的存在,该牒的定名也未能统一。《灵隐寺志》称其为《宋天圣三年中书门下牒》,《续修云林寺志》称其为《宋天圣八年赐杭州灵隐山景德灵隐禅寺牒》。此外,清人厉鹗在乾隆年间曾编定《增修云林寺志》以补《灵隐寺志》所未录。虽然他在书中并未重复收录《免赐田税牒》,但他曾写诗题为《正月四日雪霁游天竺寺归访巨公于灵隐寺出观宋天圣四年免赐田税牒至哺并湖而还得诗三首》,可见在编辑寺志时,他曾经见过牒文原貌,并将此牒命名为《宋天圣四年免赐田税牒》。

牒文涉及的关键时间点有两个,一是太后赐田的时间,二是牒文下发的时间。从该牒下发时间看,牒文中明确写到是天圣八年下发,当无异议。较有争议的是太后赐田的时间,或认为是天圣三年,或认为是天圣四年。

关于天圣三年说,从上引文可知,《灵隐寺志》认为"宋天圣三年皇太后赐钱买田"。卷五又有"仁宗皇帝天圣三年,皇太后赐脂粉钱九千五十四贯"①的记载。但与此同时,该书卷三慧明延珊禅师一节却记载:"天圣二年,章懿太后赐庄田,令祝延仁宗圣寿。至天圣八年,奏免所赐庄田粮税,有敕存寺。赐号禅定大师。"②同书之中,已自相矛盾。经比对不难发现,《灵隐寺志》的慧明延珊禅师传与明代《武林梵志》卷九的《延珊禅师》传内容极其相近。《灵隐寺志》延珊禅师传除了删去了部分内容之外,几乎是逐字摘录《武林梵志》(抑或是与《武林梵志》有相同的史源)。而在《武林梵志》中,相关的记载作"天圣三年,章懿太后赐庄田,令祝延仁宗圣寿。至天圣八年,师奏免所赐庄田粮税,有敕存寺,至今赖之。赐号禅定大师。"③由此可见,延珊禅师传有"二年"与"三年"的版本差异。故此推测,孙治知道太后赐田在天圣三年,但撰写《灵隐寺志》时误将"三"写作"二",才导致了文本

---

① 《灵隐寺志》卷五,第73页。
② 《灵隐寺志》卷三,第37页。
③ (明)吴之鲸:《武林梵志》卷九,《杭州佛教文献丛刊》第一册,第209页。

出入。

关于天圣四年说,清人丁敬在跋文中有具体的考证,兹录于下:

> 右宋天圣八年,放免杭州灵隐山景德灵隐寺庄田夏秋二税牒文,寺
> 中护法之宝也。不知何年藏韬光庵内,主僧守护惟谨,不敢失堕,亦可
> 嘉已。盖庵系寺中属房,儿孙相承,专一可守,出入可稽,乃主席者立法
> 之善也。按:仁宗乃章懿皇后李氏所生,时章献明肃皇后刘氏以为己
> 子,终章献之世,举朝未敢泄也。章献临朝,李后进位宸妃,以薨未得遽
> 称太后,则牒中所云"奉皇太后圣旨宣赐庄田,祝延今上皇帝圣寿"者,
> 当是章献。而《武林梵志》作章懿皇太后所赐者,盖误也。牒颁于天圣
> 八年十二月,而延珊奏中之语云"宣赐庄田""今已五年"计之,正当天
> 圣四年,《梵志》以为三年者,亦误也。延珊字慧明,洪觉《范僧宝传》言
> "雪窦显禅师在其座下甚久,堂中常满千僧"。其法席之盛、道行之卓,
> 亦可概见。吴之鲸亦录其问答机锋、上堂语句于《梵志》中,而孙宇台先
> 生修《灵隐寺志》所列师名,寥寥数语,未与标举大略,何也? 古庵邵先
> 生,乃吾杭高士,两山志乘,最尽研削,而是跋精当,尤足备寺中故事,惟
> 云"壹疋肆赤绵不可晓",米公《书史》云:"朱长文所收织成诸佛,阔四
> 赤,长五六赤。"赤、尺二字,古通,先生偶忘之耳。是牒当时背面皆铃中
> 书门下之印,欲装难于措置,故阅七百余年,未经糨潢,今渐就糜烂。予
> 以背纸二印,缀诸牒尾,出所藏古锦犀轴整顿之,将来庶免损剥之患矣。
> 乾隆九年甲子佛生日,钱唐丁敬洮頮谨跋。①

丁敬认为,《武林梵志》称"天圣三年"是出于计算失误,按照天圣八年
是赐田的第五年来算,赐田时间应该是天圣四年。同样认为是天圣四年的
还有创作《正月四日雪霁游天竺寺归访巨公于灵隐寺出观宋天圣四年免赐
田税牒至晡并湖而还得诗三首》的厉鹗。厉鹗对《灵隐寺志》有一定的批

---

① 《续修云林寺志》卷五,第 120—121 页。

评,他认为:"灵隐为吾浙首刹,前此之有志也,始自昌黎白珩子佩氏,近则仁和孙治宇台氏、吴门徐增子能氏相继重修。……前志虽三属草,脱漏尚多,曷可无述?"①这也是他作《增修云林寺志》的缘由。有趣的是,厉鹗与丁敬私交极深,引以为挚友。厉鹗《续修云林寺志序》作于乾隆九年二月,丁敬题跋于乾隆九年四月,时间相近。虽然厉鹗并未在《续修云林寺志》中讨论到《免赐田税牒》,但丁、厉二人同在乾隆九年前后关注并接触到此牒,二人对此有所讨论并达成共识是极其可能的。厉鹗定名《宋天圣四年免赐田税牒》正印证了他考证出灵隐寺获赐是在天圣四年的事实。

从上文分析可知,前人对牒文的命名中或作"天圣三年"或作"天圣四年"的说法都是针对太后赏赐灵隐寺的时间而定的。然而事实上,牒文是在天圣八年由中书门下下发的免除灵隐寺田税的批示,与太后降赐之事并非同一事件,因此这些系年都并不准确。只有《续修云林寺志》作"天圣八年",是符合牒文的时间信息的。因此,本文暂将该牒定名为《宋天圣八年免灵隐山景德灵隐寺赐田税牒》,以整齐名目。

三、赏赐与文牒

对刘太后赐田一事,清人的考证尚显粗疏,除计算加减之外,没有提出更多的证据。而实际上,夏竦有《赐杭州灵隐山景德灵隐寺常住田记》一文,是对此事最直接的记载。该文收录于乾隆四十六年从《永乐大典》重新辑出的《文庄集》,可惜丁、厉等人考证牒文时未能看到。其文节录于下:

> 若夫平决万几,将明百志,动遵法度,慎守典彝,以为道释名田,禁于创置。国之旧制,岂敢废焉。然吾保育嗣皇,绍隆景业,素依佛宝,孚佑帝躬。冀其万寿无疆,百祥申锡,在诸服玩,予何爱焉。乃赐直百万市田二十五亩,以施之岁输。旧赋天下之为公也,永充净供福田之无极也。……诸菩萨僧观是田者,应合释迦如来,以信心为种,以精进

---

① (清)厉鹗:《增修云林寺志序》,载《增修云林寺志》,《杭州佛教文献丛刊》第四册。

耘锄，因田以悟法。诸大比邱受是食者，应念香积如来，以甘露为味，以大悲普熏，因食而证道。然而悟无所悟者，正悟也；证无所证者，真证也。无离尘垢以染于净，无求寂默以住于空。三界不见于身心，万法本忘于封境。举足所之皆是道场，适意而居莫非宴坐。夫如是者，始可以享斯田施，消此饭香，报两宫之慈恩，续诸佛之慧命也哉。臣幸预译叨观秘藏，遐推往记，切考兹山，能仁出世。千载而神僧建寺，七百载而圣人施田。由是知山川龙象抑有冥数以待圣神乎。奉命昭纪，刻彼灵区，皇太后右序嗣君崇修妙果，施夫疆畎，教天下之至慈也。皇帝尊事母仪，布宣圣爱，勒于金石，教天下之至孝也。率土之滨，含生之品，一切见闻，得不踊跃于兹辰哉？时天圣四年岁次析木仲夏望日谨记。①

　　文中指明，天圣四年刘太后给灵隐寺"赐直百万市田二十五亩"，夏竦受命为此事撰文刻碑，以记皇家功德。则知天圣四年确实有赐田一事发生。而前文所论的寺志中将时间系于天圣三年是错误的。作者恐怕只就牒文内容，简单地做了八减五为三的减法，而忽略了天圣八年是赏赐的第五个年头，即减法的结果应当为四年。也由此可以推测，《文庄集》在《永乐大典》编修时尚存，但经过近一个半世纪后，在《武林梵志》编撰时可能已经阙如。这就导致了吴之鲸等寺志编者未能看到夏竦对太后赐田一事的直接记载，只能通过计算来推定事件发生的时间。同时也意味着，天圣四年下达赏赐一事的牒文在明代也已经佚失，甚至可能在宋代时就未能得到保存，才导致了寺庙与当地政府的田税争端。

　　通过前文的考证，可以梳理出一条清晰的脉络：天圣四年，刘太后赐灵隐寺脂粉钱以资购田，并令夏竦作文记录此事勒于石上。等到天圣八年，当地政府就开始试图收取这些田产的税务。住持延珊大师因此向朝廷申请免税政策，而中央批复，经核查，田地确实是刘太后的赏赐，可以免除税款。或

---

① 　（宋）夏竦：《文庄集》卷二一，清文渊阁四库全书补配清文津阁四库全书本，第1—3叶。

许由于最初刘太后赏赐时寺庙内并未能保存到赏赐的文书,故而导致记载各有纷说,也导致延珊禅师需要再向奏朝廷申请免税,朝廷也不得不要求重新核实赐田的真实性。也因此,在《免赐田税牒》下发后,灵隐寺吸取教训认真做了收藏保存。该牒在明万历年间曾被邵穆生取阅、题跋,清乾隆、道光年间又先后被厉鹗、丁敬、沈鑅彪取阅,并因此留下了该牒在不同时代的文献信息。

总体而言,牒文的下发代表着寺庙所受到的荣宠,但牒文的保存不光有收藏和展示荣耀的作用,还有其现实价值。寺院历朝历代所接受的皇家赏赐不在少数,将赏赐时所收到的文牒进行保存似乎是一种常见的现象。虽然如灵隐寺一样能将北宋原牒保存到清代的情况并不多见,但有大量的御赐牒文被以传世文献或金石文献的形式流传下来,其中敕牒碑刻石尤为典型。这些牒文大部分为赐额牒,还有部分赐师号或者其他朝廷赏赐。它们同时也是寺庙合法性的证明。在宋明之间,朝廷曾多次下达毁淫祠或禁非正规寺观的命令,而官方牒文的存在无疑能够证明相关宗教机构的正规性,从而令寺庙免除被禁废的命运。

同样,灵隐寺保存《免赐田税牒》应当也有证明寺田合法性的作用。在《灵隐寺志》收录的牒文下还有关于这些田产的后续记载:

> 其后洪武中,僧淳朋以时代移易,献还朝,复赐三千亩,先敕见存。后徐华亭相公当国,僧大茂以田被占奏闻,至今本寺管业也。附志于此,以见累朝恩遇,本寺基产不同于他山者如此。①

虽然原文中并未明指牒文的直接作用,但也暗示了牒文在后来保护本寺田产上做出的贡献。文中"先敕"不知具体指明代赐三千亩田的敕牒,还是宋天圣《免赐田税牒》,但从灵隐各志都未能收录洪武赐田的敕书来看,"见存"的敕牒大概并非明代牒,而是指《免赐田税牒》。孙治在牒文下以双

---

① 《灵隐寺志》卷二,第 20 页。

行小字记的这段文字,正是在暗示《免赐田税牒》所确证的"本寺基产",虽然在明代经历了还献朝廷、重新赐田,以及被人侵占、重新划归的过程,最终还是得以保留为"本寺管业"。而这正是牒文伴随灵隐寺所见证的从宋到明再到清代的"累朝恩遇"。

译 文

南宋时期浙东沿海城市的
发展停滞与森林环境

［日］冈元司①　著(广岛大学大学院文学研究科)
徐微洁　周家俊　译(浙江师范大学外国语学院)

一、问题所在

笔者迄今为止主要研究宋朝浙东的区域社会史,本文主要考察区域社会在中国经济史变迁中的定位,因此本文将稍稍改变研究视角,首先尝试描述浙东沿海城市的区域社会情况。②

首先,我们想通过斯波义信③有关宋朝商业的研究来看一下宋朝在中国经济发展史上的位置。斯波指出,唐宋变革的特征——"商业的繁荣"的3个指标如下:(1)显著的城市化现象(urbanization);(2)全国市场圈的成立以及农业的商品经济化;(3)以私有土地所有制的普及和商品、货币经济的划时代发展为前提的经济体制的转变。

其后,斯波义信在论及宋朝江南的经济史时指出,比起"社会间比较"(cross societal comparison),我们更应该充实"社会内比较"(intersocietal comparison),他提倡应该通过生态系统(ecosystem)中的工学性适应、农学性适应的过程来分析宋朝江南经济史。④

---

① 冈元司(1962—2009),广岛大学大学院文学研究科副教授,中国史研究者。本文发表于广岛史学研究会会刊《史学研究》220 号,第 40—60 页。
② 本文对 1997 年广岛历史研究协会"广域经济圈与中世纪城市"研讨会(于广岛大学)上所作报告作了略微补充。
③ ［日］斯波義信:『宋代商業史研究』,風間書房,1968 年。
④ ［日］斯波義信:『宋代江南経済史の研究』,汲古書院,1988 年。

　　斯波先生的这种分析视角是基于长期视角的一种尝试,有许多值得我们学习借鉴之处。但是,如果我们立足现代性或现在性来思考斯波先生的观点,那么我们也会发现他的视角多多少少存在不充分之处。即,斯波先生的主要关注点是"发展",对于发展所带来的生态系统的破坏等问题,他的考察是不充分的。

　　关于这一点,在近期的中国前近代史研究中"环境史"的视角开始受到学者们的关注。现阶段学者们的主要研究对象是明清时期,相关研究有上田(1989)、宫嵜(1994)等。上田信认为,中国在进入世界资本主义体系之前森林砍伐等生态系统的破坏就已成为社会问题,就这层意义而言,中国与进入世界资本主义体系之后生态系统的破坏才成为问题的东南亚文明不同。① 此外,宫嵜洋一先生批判了"通过与自然的融合产生的亚洲文明"的观点。② 如此,有关环境史的崭新视角开始不断涌现。

　　受到这种研究潮流的启发,笔者将目光转向自己的研究对象——宋朝特别是后半期的南宋(1127—1276)时会不由地想起马克·伊懋可(Elvin Mark)的中国经济史专著《中国历史之范式》(*The Pattern of the Chinese Past*)。在该书中,伊懋可将斯波先生所展示的唐宋时期的经济变革视作"Medieval Economic Revolution",即将其视作中世经济革命。该书还指出,在"Medieval Economic Revolution"结束后的 14 世纪,迎来了"quantitative growth, qualitative standstill"即"量的成长、质的停滞"的转折点。具体而言,如虽然农业、商业等方面的量扩大了,但农业农产品单位面积的产量却已接近极限,伊懋可在书中画图展示"the high-level equilibrium trap"(高位均衡的陷阱)。③

---

　　① 　［日］上田信:「観念・社会・自然—『清代の福建社会』補論—」,『中国—社会と文化—』1989 年第 4 号,第 301—309 页。

　　② 　［日］宫嵜洋一:「明清時代、森林資源政策の推移—中国における環境認識の変遷—」,『九州大学東洋史論集』1994 年第 22 号,第 19—35 页。

　　③ 　他在前年出版的论文集中进一步充实了这些观点(Elvin Mark:*The Pattern of the Chinese Past*,1973,Stanford University Press;Elvin Mark:*Another History*:*Essays on China from a European Perspective*,1996,Wild Peony)。

中国人口重心的长期变化与伊懋可先生提及的 14 世纪的转折密切相关。先生关注的是,将中国分成南北时期的北方和南方的人口比例变化。众所周知,自古代起中国的人口以黄河为中心多集中在华北,早期南方的人口少,后来人口逐渐增加,通过大步推进江南发展的"Medieval Economic Revolution",南方的人口反超北方。但是,元代开始北方的人口占比又增加了。根据伊懋可的研究,之后人口增长的主要先锋地是华北,但没有宋代那种生产性显著增加的情况,而是与耕地面积等量的扩大过程。

如此,华北是人口占比增加的区域,我们可以认为这是因为江南也迎来了发展的瓶颈,但我们在考虑上述转折点的基础上,还需关注近年程民生先生提倡的南宋经济"衰退"论。程先生认为,我们不应停留在战争带来的破坏和税收不足引发的强取豪夺、土地兼并白热化带来的阶级分化等针对南宋时期的固有定性化阐释,应该挖掘之前不受关注的事实,如水利设施的荒废、生态平衡的破坏、手工业的衰退等。[1] 但遗憾的是,程民生先生的研究流于罗列式,且缺乏长期展望。然而,如果我们基于程先生罗列的南宋时期的实际情况,那么我们认为本文所选取的南宋时期就相当于上述伊懋可先生的因 14 世纪转折点所收敛的"Medieval Economic Revolution"的"前夜"。

如上所述,本文并非基于经济发展的视角,而是选取在环境变化中各种矛盾开始凸显的浙东地区为研究对象。而且,如果我们结合研讨会标题中也使用的"广域经济圈"一词来解释该地区,则可以说明以下内容:本文中的"广域"一词并非以边界为前提来描述沿海城市,[2]而是利用这一概念同时把握中国境内的长途贩运贸易和对外贸易。如此一来,不仅可以发现人们一直津津乐道的南宋时期的中国繁荣沿海城市的形象,还可以发现地区与

---

[1] 程民生:《试论南宋经济的衰退》,《中国经济史研究》1989 年第 3 期,第 114—127 页。后收入程民生著《宋代地域经济》,河南大学出版社,1992 年。

[2] 本文使用"沿海城市"一词来指代温州和明州等城市。这两个城市都离海很近,但严格而言,港口本身位于离海不远的河边。而就其功能而言,它们适合被称为"沿海",而且事实上林土民先生的书中(林土民:《海上丝绸之路的著名海港——明州》,海洋出版社,1990 年)也采用了这一惯用说法,因此本文使用"沿海"一词来阐述。

地区之间的天壤之别。事实上,与以东南亚为主要贸易伙伴的广州、泉州不同,以日本、高丽为主要贸易伙伴的明州(宁波)、温州等浙东沿海城市,即使同处南宋时期,也可能走上不同的道路。而且,浙东沿海城市不仅靠近首都临安(杭州),还靠近农业产量极高的长江下游。就这层意义而言,讨论南宋的经济形势更为重要。

　　下文,笔者将探讨浙东沿海城市周边的情况,如跨越边界的"地区"、发展背后"环境"的变化等。①

二、浙东沿海城市的发展与停滞

　　本节,笔者将参照过去的研究,概述宋朝明州、温州等浙东地区主要沿海城市从发展到停滞的过程。

　　对于其前提条件:两城的哪种产业较为繁荣,斯波义信指出,明州的水稻种植、清酒酿造、养蚕、缫丝、陶瓷、海产品、金属和木材加工以及造船等产业较为繁荣。关于木材,据说明州城内有一条"棺材巷",它是加工和制造棺材的地方。而海产品则是一种具有全国市场的特产。② 此外,当时还开展了官营制盐。

　　至于温州,周梦江指出,当时温州的漆器、高级丝织品、柑橘类水果、纸张和海产品的生产十分繁荣,温州生产的漆器和柑橘类水果在京城颇具名气。③ 此外,造船业和盐业也广为人知。

　　围绕着这些产业的生产,地区内部以及与其他地区的流通越来越活跃。其中,地区内部体现在小镇、集市的分布上。就明州而言,斯波义信指出,宋代的小镇、集市位于宁波平原周围的山地和平原的交界处或海岸线上,当时有一个定期集市,人们在这里交换竹子、木材、柴火、木炭、蔬

---

　　① 过去许多综述中没有涉及宋朝的环境史,但去年出版的由伊原弘撰写的综述中,多处提及人口和森林环境,请一并参考,伊原弘·梅村坦:『世界の歴史　七　宋と中央ユーラシア』,中央公論社,1997 年。

　　② [日]斯波義信:『宋代江南経済史の研究』,汲古書院,1988 年。

　　③ 周梦江:《宋代温州镇市的发展和商业的繁荣》,《杭州商学院学报》1983 年第 4 期,第 65 页—68 页。

菜、水果和竹笋等山区产品、平原产品和海产品,这一集市一直延续到了明朝。①

关于温州的小镇、集市,由于宋代的地方志并无留存,因此集市的具体情况不详,但《元丰九域志》卷五中列出了设有州监的乡镇名称:平阳县的前仓、枇槽和泥山三镇,瑞安县的瑞安、永安两镇,乐清县的柳市、封市两镇。此外,在斯波引用的历史文献中,《[万历]温州府志》卷一·舆地志"隅厢乡都"中关于"白沙镇"的注释称:"宋政和四年,白沙村系木材经由要处,差官监镇。"永嘉县白沙村得益于木材的集散,在北宋后期升格为镇。②

宋代韩彦直的《橘录》是一部关于柑橘的权威著作,据该书"序"中记载,温州四县均种植了柑橘,"而出泥山者又杰然推第一"。可以说,该镇所处的位置与温州的产品,如木材和柑橘的流通密切相关。

下面,我们一起来看宋朝商业税额,它们是上述地区内部、地区间流通扩大的证明。表1为北宋熙宁十年(1077)明州和温州的商业税额,表2为南宋宝庆元年(1225)明州的商业税额。从这个数据可以看出,明州和温州的商税数额均较高,这说明城市化正不断推进。同时还可关注明州的商税总额变化,如《宋会要辑稿·食货十六·商税》中记载,熙宁十年以前的数据是17664贯,但在熙宁十年达到近27000贯,南宋宝庆元年达到87000多贯。即使排除通货膨胀等因素的影响,增幅仍十分明显。

表1 熙宁十年(1077)商税额(明州、温州)

州	税　场	商税额	州内占比
明州	在城(鄞县)	20220贯500文	75.0%
	奉化场(奉化县)	2934贯958文	10.9%
	慈溪场(慈溪县)	2474贯423文	9.2%
	定海场(定海县)	644贯293文	2.4%
	象山场(象山县)	673贯130文	2.5%
	小　计	26947贯304文	

① [日]斯波義信:『宋代江南経済史の研究』,汲古書院,1988年。
② [日]斯波義信:『宋代商業史研究』,風間書房,1968年。

续　表

州	税　场	商税额	州内占比
温州	在城(永嘉县)	25391 贯 6 文	60.5%
	瑞安场(瑞安县)	6287 贯	15.0%
	永安场(瑞安县)	4703 贯 999 文	11.2%
	平阳场(平阳县)	2041 贯 234 文	4.9%
	前仓场(平阳县)	1512 贯 130 文	3.6%
	乐清场(乐清县)	2049 贯 794 文	4.9%
	小　计	41985 贯 163 文	

(出自《宋会要辑稿·食货十六·商税》)

表 2　宝庆元年(1225)商税额(明州)

州	税场	商税额	州内占比
明州	都税院(鄞县)	35662 贯 475 文	40.9%
	诸门引铺(鄞县)	10912 贯 5 文	12.5%
	① 西门引铺	1726 贯 673 文	(2.0%)
	② 南门引铺	2636 贯 667 文	(3.0%)
	③ 沈店引铺	2197 贯 56 文	(2.5%)
	④ 宋招桥引铺	690 贯 657 文	(1.1%)
	⑤ 望春桥引铺	748 贯 742 文	(0.8%)
	⑥ 江东引铺	2642 贯 210 文	(3.0%)
	七税场	40530 贯	46.5%
	① 小溪场(鄞县)	1300 贯	(1.5%)
	② 石碶场(鄞县)	3800 贯	(4.4%)
	③ 宝幢场(鄞县)	1800 贯	(2.1%)
	④ 奉化场(鄞县)	1800 贯	(2.1%)
	⑤ 慈溪场(慈溪县)	2700 贯	(3.1%)
	⑥ 定海场(定海县)	27600 贯	(31.7%)
	⑦ 澥浦场(定海县)	1530 贯	(1.8%)
	小计	87104 贯 480 文	

(出自《宝庆四明志》卷五、十三、十五、十七、十九)

　　此外,对外贸易在北宋至南宋期间也获得了发展。管辖贸易的办事处是市舶司和市舶务,明州的市舶司成立于北宋初期。此后,明州作为浙江的主要贸易港口而发挥作用。而在温州,市舶务则成立于南宋初期的绍兴元年(1131)。

对此,笔者不再赘述。除贸易外,笔者想着重介绍的是,与国内其他地区不同,南宋时期的明州和温州作为沿海城市,军事方面的重要性急剧增加。

自北宋以来,造船业一直是明州和温州的主要产业之一,南宋初年,高宗因金国南下而逃往浙东,在明州招募了数千艘海船,①还"诏温台州,募海船土豪"(《建炎以来系年要录》卷五四,绍兴二年五月辛未的条令),浙东的海船在帮助南宋挺过政权危机方面发挥了不可或缺的作用。此后,南宋水师急速发展,官船的需求量随之增大,这进一步凸显了明州和温州的重要性,因为明州和温州在船材供应方面具备有利条件。② 此外,为了保护首都,除了许浦水师(平江府)、澉浦水师(嘉兴府),还在明州设立了定海水师。③ 如此,除了贸易城市的身份,南宋时期的明州和温州还兼海军基地和造船基地的角色。

这种与军事方面甚至是国家的关联,也反映了活跃在明州和温州的精英阶层的特点。就明州而言,自北宋以来,其一直是高丽王朝的外交中心,高丽使节宫就位于明州。为此,来自明州名门望族的楼异,为了支付高丽使团的费用,在北宋末年将广德湖改为湖田;④在南宋前半期,楼异的孙子楼钥和他的姻亲汪大猷均被派往金国担任使节。⑤ 由此可见,明州的官僚大多与外交关系密切。

此外,《岭外代答》(宋代关于东南亚各国的宝贵资料)的作者周去非来自温州的名门望族。⑥ 在温州知名人士中,既有从事造船业或通过建造战

---

① 乐承耀:《宁波古代史纲》,宁波出版社,1999 年。

② [日]斯波義信:『宋代商業史研究』,風間書房,1968 年。

③ [日]曾我部静雄:『宋代政経史の研究』,吉川弘文館,1974 年。

④ [日]寺地遵:「地域発展史の視点—宋元代、明州をめぐって—」(今永清二『アジア史における地域自治の基礎の研究』),科研報告書,1992 年。

⑤ 陈学霖:《樱鑰使金所见之华北城镇——《北行日录》史料举隅》(《国际宋史研讨会论文集》),中国文化大学,1988 年。

⑥ [日]岡元司:「南宋期温州の地方行政をめぐる人的結合—永嘉学派との関連を中心に—」,『史学研究』1996 年第 212 号,第 25—48 頁。

船谋得一官半职者,也有许多特别是在进入南宋之后,在军事行动(包括海战)中施展出才华者。温州永嘉学派的许多思想家都精通军事,因此我们必须结合这些人力资源来分析。薛季宜被赞"深于兵略"(袁燮《絜斋集》卷十一《资政殿大学士赠少师楼公行状》),这并非巧合。继薛季宜后,陈傅良撰写了中国第一部兵制通史《历代兵制》。① 此外,在南宋中期开禧北伐失败而遭金人入侵时,永嘉学派的集大成者叶适作为沿江制置使和江淮制置使,在抗金方面取得了巨大成就。②

如上所述,自宋初以来,明州和温州等浙东沿海城市一直在快速发展,但进入南宋后不久,它们就出现了明显增长乏力的现象。

首先,海外贸易本应是最能象征沿海城市繁荣的一个指标,但在乾道二年(1166),两浙路的市舶司被废止,温州的市舶务也在庆元元年(1195)被废除。自那时起至南宋末年,两浙只有一个级别低于市舶司的市舶务,设立在明州。③ 当时废除温州市舶务的依据是市舶收入的大幅下滑。④ 此外,明州虽保留了市舶务,但其贸易额远低于泉州和广州。⑤

据《宝庆四明志》卷五《叙赋上·商税》的记载,鄞县的大嵩和横溪、奉化县的公塘、白杜等浙东沿海城市的集镇均在南宋中期的庆元四年(1198)被废止。废止的直接原因为苛捐杂税的过度征收。然而,这些都是位于山区和平原交界处的税场,这种地方的税场数量至少可以表明,当时已经不是一个经济和社会不断发展的时期了。

虽然无法确定温州集镇的废止是否发生在南宋时期,但在《[万历]温州府志》中关于"白沙镇"的部分,注释称,北宋政和四年设立为镇,其后写着"今废"。同样,在《民国平阳县志》卷五《建置志》"旧乡都表"中的泥山

---

① 刘昭祥、王晓卫:《历代兵制浅说》,解放军出版社,1986年。

② 因篇幅受限,这里只简单介绍了温州永嘉学派与军事的关系,详情将另行撰文再述。

③ [日]藤田丰八:『東西交涉史の研究 南海篇』,岡書院,1932年。

④ 周厚才编著:《温州港史》,人民交通出版社,1990年。

⑤ 明州的重要贸易伙伴之一——高丽,自南宋中期以来国力屡弱,这也产生了一定影响(周庆南:《御笔碑与宋代明州造船业及外贸》,董贻安主编《浙东文化论丛》),中央编译出版社,1995年)。

一节中,也写道:"旧为镇。见《元丰九域志》。后废为市。"虽然这些事件的时间不甚明确,但可以看出,宋朝温州著名特产的贸易地在很长一段时间内并不繁荣。

如上所述,自南宋中期起,沿海城市和周边集镇并未呈现出稳定发展的态势,这一点在过去一直未得到充分关注,而导致这种情况的经济环境因素也同样未得到明确的界定。然而,当我们把过去宋朝经济史研究中提及的浙东片段拼凑在一起时,基本上会联想到浙东各种产业的停滞和日本与宋朝之间贸易的停滞。

首先,关于浙东,特别是温州工业的停滞,周梦江指出,到南宋末年,漆器、纸张和柑橘类水果的生产逐渐下降。① 此外,温州的盐场由于南宋初年采取了恢复盐业的措施而产量增加,但到了淳熙元年(1174),盐场产量却从194379 石减少到 138069 石,这表明盐业也在萎缩。②

此外,造船业的停滞严重影响了温州和明州的发展。正如斯波义信和曾我部静雄③所指摘的,南宋初期,温州船厂每年建造 100 艘船,但到了孝宗时期,④这个数字已经下降到每年 10 艘。造成这种情况的一个明显原因是,木材供应能力的枯竭。就温州而言,木材是从温州和瓯江上游的邻州处州(今丽水)采购的,但当时的情况是"今则山林大木绝少"(楼钥《攻媿集》卷二十一《乞罢温州船厂》)。由此,私营贸易船只和渔船被政府征用,这严重影响了浙东沿海的明州、台州和温州地区的私营经济。

---

① 周梦江:《宋代温州城乡商品经济的发展与衰落》,《温州师院学报(社会科学版)》1987 年第 1 期,第 10—18 页。对于衰落的原因,周梦江列举了权贵的剥夺、无序的税务机关、税官的专横等,但未对行业内部的运作情况进行分析,这是今后的一个课题。

② 与温州相同,台州的盐场产量也在减少。与浙东北部的杭州湾沿岸相比,温州和台州的降雨量均较大,气候条件本就不够适合盐业的发展(Worthy Edmund H:"Regional Control in the Southern Sung Salt Administration", in *Crisis and Prosperity in Sung China*, The University of Arizona Press, 1975 年)。

③ [日]斯波義信:『宋代商業史研究』,風間書房,1968 年;(日)曾我部静雄:『宋代政経史の研究』,吉川弘文館,1974 年。

④ 所引用的历史文献——楼钥《攻媿集》卷二十一《乞罢温州船厂》写于淳熙末年(1174—1189),当时楼钥被任命为知温州[(日)岡元司:「南宋期温州の地方行政をめぐる人的結合—永嘉学派との関連を中心に—」,『史学研究』1995 年第 212 号]。

其次,关于宋日贸易,森克已指出,从日本人的角度来看,自平安时代后期起,宋日贸易从最初的"被动贸易"转变为日本的"主动贸易"。① 换言之,从中国南宋时期开始,日本采取了积极的贸易姿态,于日本而言,最重要的进口商品是铜钱。然而,中国的铜资源在北宋时期相对丰富,到了南宋时期却变得匮乏,铜钱产量急剧下降。为此,南宋中期之后,政府多次发布了禁止向日本和其他国家出口铜钱的禁令。② 尽管如此,日本船只装载铜钱回国的行为仍未停止,中国的"钱荒"现象也越来越严重。此外,由于政府征用了浙东地区的民船和渔船,导致无业游民越来越多,他们的"贼船"也在浙江周边海域逐渐猖獗起来。这迫使宋朝的自由贸易转变为受控贸易。

铜钱通过各种手段被带出国门,但是中国从日本得到了什么好处呢?令人惊讶的是,人们很少注意到,中国进口的主要日本产品是硫磺和木材。尤其是木材经常出现在史料中,这与铜钱禁运密不可分。例如,来自日本的木材在中国可被用作棺材。③ 包恢在《敝帚稿略》卷一中严厉批评了木材采购导致铜钱外流的行为,他在"禁铜钱申省状"中写道:"板木不知济何等急切之用。虽无之,未至如无棺木之送死。岂不可禁绝其来乎?"

中国进口的木材有松木、杉木、桧木等,特别是南宋之后,木材进口频繁。除棺材外,这些木材还经常被用作建筑材料,在南宋时期,它们被用于建造明州的天童寺千佛阁和同样位于明州的阿育王寺舍利殿。④ 此外,除中国的广南、福建外,日本也是浙东造船业紧缺木材的供给地。⑤

① ［日］森克己:『日宋貿易の研究』,国立書院,1948 年。
② ［日］曾我部静雄:『日宋金貨幣交流史』,宝文館,1949 年。
③ 关于棺材的情况,见张隆义的论文(張隆義:「宋代における木材の消費と生産」,『待兼山論叢・史学篇』1966 年第 9 号)。宋代时,两浙受佛教等因素的影响,火葬在平民百姓中尤为盛行,但在士大夫等阶层,花钱把尸体埋在地下的"厚葬"很流行(徐吉军:《论两浙的火葬习俗》,铃木满男主编《浙江民俗研究》,浙江人民出版社,1992 年)。
④ 乾道四年(1168),为建造明州的天童寺千佛阁,日本僧人荣西运送并捐赠了巨木良材(林正秋:《浙江经济文化史研究》,浙江古籍出版社,1989 年)。此外,南宋初年,日本僧人重源从周防国［日本大化改新之后在山口县东部设置的行政区划(令制国)］运来曾用于重建东大寺的木材,在明州建造了阿育王寺舍利殿(森克己:『日宋貿易の研究』,国立書院,1948 年)。
⑤ ［日］斯波義信:『宋代商業史研究』,風間書房,1968 年。

综上所述,明州、温州等浙东沿海城市的贸易和工业不仅像人们经常讨论的那样与铜钱有关,而且还与南宋时期木材普遍短缺的严峻形势密不可分。

回溯历史,沿海城市与木材之间的关联,绝非南宋时期浙东地区特有的情况。有例子表明,它对城市本身的兴衰产生了重大影响。例如,在西方历史上,威尼斯城邦在16世纪末经历了地中海周围船舶木材的短缺,因此把控着波罗的海沿岸木材的荷兰人在17世纪获得了海上霸主地位。[①]

那么,在南宋时期,浙东的木材以及出产木材的森林的情况如何呢? 下一章节,我们将探讨浙东沿海城市的环境变化。

三、沿海城市的环境变化

近年来,中国人也越来越关注环境问题,当人们讨论现代中国的环境问题时,人口问题总无法避免被提及。[②] 宋朝以江南为中心,人口持续增长,后金国南下,北宋灭亡,许多流民迁往南宋境内,人口增长速度进一步加快。

然而,如果按地区追踪南宋初期以来的人口,其增长情况就不一样了。表3显示了包括明州、温州在内的两浙路的户口数量。从北宋后期的元丰三年(1080)到南宋前期的崇宁元年(1102),再到南宋前期的绍兴三十二年(1162),住户数和人口数均呈现出稳定增长态势。然而,在南宋后期的嘉定十六年(1223),住户数和人口数却出现了轻微的反转,数量略有下降。同期江南西路等其他地区的人口,在南宋后半期仍持续增加。[③]

---

① 笔者参考了普兰先生编著的《威尼斯经济史》。在此感谢研讨会研究委员会成员、威尼斯历史专家平稀先生(广岛大学研究生院)协助笔者获得此书。

② 程超泽在中国台湾出版的书籍,讨论了近代中国环境问题的严重性,也提及伊懋可的"the high-level equilibrium trap"可能是导致环境问题的原因(程超泽:《中国大陆人口增长的多重危机》,时报文化出版,1995年)。

③ 梁方仲编著:《中国历代户口、田地、田赋统计》,上海人民出版社,1980年。

表3　宋代两浙路的户口数①

	户数	增减 (元丰三年的基准)	口数	增减 (元丰三年的基准)
元丰三年(1080)	1830096	100.00%	3223699	100.00%
崇宁元年(1102)	1975041	107.92%	3767441	116.87%
绍兴三十二年(1162)	2243548	122.59%	4327322	134.23%
嘉定十六年(1223)	2220321	121.32%	4029989	125.01%

就这点而言,两浙路的人口发展态势与其他地区有所差异。南宋中期,温州人叶适记录了适合探索这一背景的史料。以下,笔者将引用《水心别集》卷二《民事中》的一段话:

> 夫吴、越之地,自钱氏时独不被兵,又以四十年都邑之盛,四方流徙尽集于千里之内,而衣冠贵人不知其几族,故以十五州之众当今天下之半。计其地不足以居其半,而米粟布帛之直三倍于旧,鸡豚菜茹樵薪之鬻五倍于旧,田宅之价十倍于旧,其便利上腴争取而不置者数十百倍于旧。盖秦制万户为县,而宋齐之间,山阴最大而难治,然犹不过三万。今两浙之下县以三万户率者不数也。

据介绍,五代十国中的吴越之地,即宋代的两浙路未遭受战争的破坏,许多流民迁徙到这里。值得注意的是,这种人口增长与物价急剧上涨有所关联,大米和布匹等生活必需品的价格上涨了3倍,鸡、猪、蔬菜和柴火的价格上涨了5倍,田地和房屋的价格上涨了10倍。人口饱和导致的商品短缺以典型的方式表现出来,这一形势十分严峻。②

为了用大米养活这些新增的人口,南宋时期的浙东地区越来越依赖于从广州等其他地区调运大米,当然也有从浙西调运的。③

---

① 梁方仲编著:《中国历代户口、田地、田赋统计》,上海人民出版社,1980年。
② 在《水心文集》卷九《醉乐亭记》中,叶适也写到温州永嘉县"地狭而专,民多而贫"。
③ [日]斯波义信:『宋代商業史研究』,風間書房,1968年。

就本文中重点关注的木材而言,浙东的森林环境在南宋时期发生了重大变化。森林不断被砍伐,用于供给新增人口的木柴和煤炭,同时还被用作造船等各种工业材料,而城市频繁发生的火灾①又刺激了人们对建筑木材的需求。以下是与这些变化相关的具体史料。

首先,关于明州附近的森林环境,北宋时期,为完成京城的土木工程,全国各地运来了各种木材,明州的杉木便是其中之一。②《[光绪]鄞县志》卷七十一《物产上·木之属》中对杉木的描述是:"似松,生江南,可以为船。"即,杉木还被用于造船。因此,在北宋时期,明州许多满足遥远开封需求的良木优树被保留了下来。

然而,在南宋时期,魏岘《四明它山水利备览》卷上《淘沙》对这一时期明州森林环境的变化作出了如下描述:

> 四明占水陆之胜,万山深秀,昔时巨木高森,沿溪平地竹木亦甚茂密,虽遇暴水湍激,沙土为木根盘固,流下不多,所淤亦少,开淘良易。近年以来,木值价高,斧斤相寻,靡山不童,而平地竹木亦为之一空。大水之时,既无林木,少抑奔湍之势,又无包缆以固沙土之积,致使浮沙随流下,奔下淤塞溪,至高四五丈。

这份写于南宋后半期淳祐二年(1242)的史料,尖锐地指出了森林砍伐和泥沙流失之间的因果关系。换言之,这一史料的前半部分阐述了如下内

---

① 南宋时期,临安府因人口增长而房屋密集、火灾频发(梅原郁:「南宋の臨安」(同编『中国近世の都市と文化』,京都大学人文科学研究所,1984年;木良八洲雄:「南宋臨安府における大火と火政」『人文論究』1990年第40卷第2号)。类似的情况在温州的中心地区永嘉县也可以看到,《[光绪]永嘉县志》卷三六《杂志一·祥异》上记载道,仅在南宋时期,绍兴十年(1140)、乾道四年(1168)、乾道九年(1173)、淳熙七年(1180)、淳熙十二年(1185)、绍熙元年(1190)、绍定元年(1228)、淳祐六年(1246)和德祐元年(1275)就发生了大规模火灾,民房的具体损失为:"民居千余"(绍兴十年)"民居七千余家"(乾道九年)"四百余家"(淳熙十二年)"六百余家"和"五百余家"(均在绍熙元年)"六百余家"和"五百余家"(均在绍定元年)"六百余家"(淳祐六年)等。

② (宋)洪迈:《容斋三笔》卷一一《宫室土木》。

容：以前树木高大、森林茂密，但近年来，木材价格高涨，许多人用斧头砍伐树木，山上的树木惨遭砍伐，宛如被剃了头的孩子一般。这一史料的后半部分甚至指出，由于缺乏树木和植被，沙土被洪水冲刷，阻碍了山谷河流的流动。

这种砍伐森林的行为会给河流的下游和港口带来严重后果。《四明它山水利备览》卷上《防砂》部分，特别提到以下三点是造成港口泥沙淤积的原因：

> 它山一境，其地皆沙。纳水之咽既窄，引水之港复狭，以致流沙易拚壅塞。沙之入港凡有三焉。七八月之间，山水暴涨，极目如海，平地之上，水深丈余，湍急迅疾，西岸之沙径从平地横下入港，须臾淤端，一也。或遇积潦，虽不没岸，而溪亦湍急，沙随急迤逦入港，日引月长，不觉淤塞，二也。自港口至马家营一带，两岸之沙或因霖雨冲洗，或因两岸坍损，或因木植冲击，积久不已，亦能填淤，三也。

换言之，第一，在七、八月份，平原被来自山区的大水覆盖，沙子在短时间内被冲入港口；第二，即使大水没有漫过河岸，沙子也会顺着急流进入港口，并逐渐堆积；第三，如果水道两岸的沙子由于长期下雨或其他原因而淤积，就会造成堵塞。这往往会影响该地区的商品流通，如《四明它山水利备览》卷上《护堤》所述："实关系于堰者利害不细，沙港淤塞其时，舟楫不通，竹木薪炭，其价倍贵。"

由于沙子的不断沉积，自南宋后期起，明州经常被迫对变浅的河流和变窄的港口进行疏浚，与此有关的史料不计其数。[①]《开庆四明续志》卷三《水利·诸县浚河》中记载了宝祐五年（1256）各县对"淤浅河港"进行疏通一事。

另一方面，温州与北宋时期的明州一样，雁荡山的木材被运到京城开

---

① 　［日］長瀬守：『宋元水利史研究』，書刊行会，1983 年。

封,用于建造玉清宫,这在沈括《梦溪笔谈》卷二十四中有所记载。然而,如前一章所述,到南宋中期的淳熙末年,山林中的大树已然消失殆尽,造船业因此受到了阻碍。

上述明州、温州伐木毁林的影响还表现为地质灾害的增加。杭州大学(现浙江大学)历史地理学权威专家陈桥驿,强调过南宋时期因毁林而导致绍兴府旱涝灾害增多的事实。但关于明州和温州,本文希望通过对包括明、清两代在内的长期统计,进一步明确两个沿海城市在南宋时期的定位。

下面的表 4 显示了从公元 1000 年到 1900 年,每 50 年明州和温州发生的旱涝灾害的次数。这一结果是根据陈桥驿编著的书籍内容①计算而来,他从正史和浙江地方志中收集了与灾害有关的内容并加以分类。当然,随着时间的推移,信息量往往会减少,而且战争等其他因素也可能会造成一些信息的偏差。因此,我们很难精准把握旱涝灾害的增减情况,但可窥见其总体趋势。至少通过表 4,我们可以看出,在很长一段时间里,出现了两个高峰。第一个高峰出现在 1150 年左右,即南宋以后,当时曾出现了增加的趋势。第二个高峰出现在 1500 年至 1600 年左右,这期间灾害次数再次增加,此后直到 1900 年,这一趋势一直保持不变。

表 4　1001—1900 年的明州、温州的旱涝灾害次数

	明　州		温　州	
	水　灾	旱　灾	水　灾	旱　灾
1001—1050	0	0	0	0
1051—1100	0	2	4	0
1101—1150	1	1	1	3
1151—1200	6	5	12	3
1201—1250	2	3	1	4
1251—1300	2	2	4	0
1301—1350	2	2	5	4
1351—1400	0	2	4	2

---

① 陈桥驿:《浙江灾异简志》,浙江人民出版社,1991 年。

续　表

	明　州		温　州	
	水　灾	旱　灾	水　灾	旱　灾
1401—1450	1	1	2	4
1451—1500	3	4	2	1
1501—1550	6	10	6	8
1551—1600	9	4	12	5
1601—1650	8	14	10	4
1651—1700	12	14	7	3
1701—1750	11	5	7	4
1751—1800	6	5	8	4
1801—1850	17	16	22	10
1851—1900	22	15	13	4
合　计	108	105	120	63
平　均	6.0	5.8	6.7	3.5

在森林的众多功能中,防洪功能与水灾有关,而抗旱功能则与旱灾有关,这里我们要特别看一下防洪功能与水灾的关系。明清时期的水灾次数增加情况将在后面讨论,我们先来看看有关南宋时期水灾增加的史料,例如,《宋史》卷六十一《五行志·水上》中提到淳熙十一年(1184)明州的水灾:"明州大风雨,山水暴出,浸民市,圮民庐,覆舟杀人。"此外,比《宋史》稍晚的史料——《元史》卷五十一《五行志·水不润下》中提到,庆元奉化州(宋代明州奉化县)"山崩,水涌出平地,溺死人甚众",这是山崩地裂造成水灾的例子。上文引用的《四明它山水利备览》也描述了人们对"山水"影响的认识。结合陈桥驿南宋时期的绍兴案例,我们发现,森林砍伐导致的保水能力下降是水灾增加的主要原因之一。

因此,森林环境的变化不仅与造船业的不景气直接相关,而且还与疏浚工程的需求以及灾害的增加有关。在这方面,笔者查阅明州、温州和周边城市的地方志后发现,从南宋到明清时期,这一地区的桥梁材料逐渐发生了变化——由木桥转变为石桥。

虽然在地方志中提到桥梁材料的内容并不多,但一旦提到材料,尤其是材料的变化时,往往会讲到由木改石的变化。明州尤为如此,南宋后半期编纂的《宝庆四明志》中可以找到几个这样的例子。例如,卷十二《四明鄞县志·桥梁》中记载道,建于北宋后半期的"林村市盘桥"于乾道六年(1170)"以石易木";卷十四《四明奉化县志·桥梁》中提到,奉化县的"惠正桥"在北宋时期为木质结构,但在南宋中期开禧元年(1205)被石桥取代;同卷的同一章节中还提到,奉化县的"广济桥"在北宋时期是用木头做的,但在绍熙元年(1190)被用石柱做梁的桥取代。此外,据卷二十一《四明象山县志·桥梁》的记载,南宋初期绍兴年间(1131—1162)的"会正桥"为木制,到南宋后半期嘉定十三年(1220)改为石制。

至于明州,明清时期的《宁波府志》和各县志中同样记载了许多从元代到明清,木桥被石桥取代的例子。关于南宋以后的桥梁更迭,有据可查的案例几乎无一例外是木桥被石桥所取代。而温州,由于没有现存的宋代地方志,因此宋代的情况尚不明确,但在明清两代仍然可以看到相同的趋势。

石桥比木桥更加坚固。一些历史文献指出了上述桥梁更迭案例中木桥的脆弱性。我们或许还可以把它看作"经济增长的指标"。① 但是,日本的石桥在江户时代才终于得以普及。小山田了三认为,其原因是日本拥有丰富的木材资源,尽管木桥具有容易被水冲走的缺点,但造价远比石桥实惠。② 中国早在几个世纪前,即使是在一开始就不缺乏森林的江南,自南宋时期起,木桥就经常被换成石桥。这种桥梁材料本身的变化很难与经济停滞联系起来,但可以将其看作宋代森林环境变化对各方面影响的表现之一。

四、结 语

如第一节所述,并非所有的南宋沿海城市都呈现出繁荣昌盛的景象。正如上文所讨论的史料,明州和温州由于人口增加的直接或间接影响,导致

---

① 杨联陞:《国史探微》,联经出版事业公司,1983 年。
② [日]小山田了三:『橋(ものと神玄の文化史66)』,法政大学出版局,1991 年。

海港环境逐渐发生了变化。有鉴于此,本文希望将广州和泉州与浙东沿海城市进行简单的比较。

与浙东最大的贸易港口明州相比,广州和泉州的繁荣得益于南宋时期从南海贸易进口中获取的利润。即使同时把国内的远距离流通考虑在内,广州作为粮食转运基地的作用也依然在不断增强,尤其是在南宋时期。两广各地的大米聚集在广州,经海路运往福建和两浙。在两浙城市中,明州、温州等沿海城市与杭州均为转运大米的重要接收地。① 此外,广东水灾增加的情况在明代以后才出现,②宋代时几乎没有这种情况,造船能力在这一时期也并未下降。③

相反,在明州和温州,由于外来人口的涌入及为对抗金军而增加的造船数量,木柴、煤炭、建筑材料的需求量增大,森林砍伐加剧,这反而导致了造船能力的下降以及私人贸易船只和渔船的征用。为了进口木材和其他货物,铜钱外流到日本。为此,南宋政府不得不限制贸易,而这又导致了海盗的猖獗,其中就包括被官府征用为官船的航运商。此外,森林砍伐使得港口和河流中的泥沙淤积,疏浚工程的需求增大。同时,由于森林保水能力下降,旱涝灾害也随之增加。因此,在南宋时期,各种因素阻碍了沿海城市明州和温州的繁荣发展。

造船能力的下降对宋元的改朝换代也有微妙的影响。南宋末年,温州是宋朝抗击元军南下的据点之一,文天祥曾在温州待过一段时间。然而,众所周知,宋朝为了弥补船只的不足,在全国各地不遗余力地强行征用船只,因此反感这一行为的泉州人蒲寿庚转而投靠元朝,这极大加速了南宋的瓦解和溃败。④

---

① 全汉昇:《宋代广州的国内外贸易》,《中国经济史研究(下)》,稻乡出版社,1991 年。

② 梁必骐主编:《广东的自然灾害》,广东人民出版社,1993 年。

③ 但是,泉州在南宋后半期也因宗室的粮财供给负担和海盗的增加,经历了一段短暂的停滞期,走上了与同时期仍活跃的广州不同的道路(李东华:《泉州与我国中古的海上交通》,学生书局,1986 年;Clark Hugh R:*Community, Trade, and Networks: Southern Fujian Province from the Third to the Thirteenth Century*, Cambridge University Press, 1991)。

④ [日]桑原隲蔵:『蒲寿庚の事蹟』,岩波书店,1935 年。

此外,元朝统治下的原南宋水师在弘安战争期间,被编入"江南军"的队列,但在弘安战争之前,元世祖忽必烈也曾下令在江南各地建造新船。然而,这4个地点分别是"扬州、湖南、鄞州、泉州"。① 既然是南宋早期,明州和温州本应位列其中,但实则不然。考虑到南宋中期以来造船能力的下降,这绝非巧合。②

那么,在接下来的岁月里,浙东沿海城市的周边环境发生了怎样的变化呢？ 明清时期,中国人口进一步增加,而在背后支撑的是玉米和红薯等新作物。为此,人们积极扩大耕地面积,尤其是在清朝时期。然而,千叶德尔指出,森林砍伐和山地开垦导致水土流失,这反过来又导致了生产力的下降。尤其从地方志中水土流失的案例可以得知,比起贯穿广州—长沙—西安的这条线,东部地区的水土流失呈压倒性分布,浙江到福建地区的相关地方志文章也被众多研究大量引用。③

砍伐森林的影响还体现在其他各个方面,这可以从过去关于明清社会经济史的研究和历史文献中窥见一斑。以浙东为例,在南宋时期,明州对疏浚的需求就已经增加。明清时期水利设施建设和大修的增加,④如果放在南宋之后的环境变化中,则可以将其看成水利功能阻碍的增加。⑤

另一方面,在温州,造船业作为为数不多的关键产业之一,也与南宋时期一样,并非一帆风顺。在《[乾隆]温州府志》卷八《兵制·战舰》中,我们可以看到清代温州的造船业仍然遭受木材短缺的困扰,即:

> 取材必用樟树。从前在瓯办厂,原因瓯、栝两郡均属产嘉樟。乃自

---

① [日]池内宏:『元寇の新研究』,東洋文庫,1931年。

② 太田弘毅指出,在元朝第二次远征日本时,江南的船舶材料短缺,有南宋投降者被带到高丽造船(太田弘毅:『蒙古襲来—その軍事史の研究—』,錦正社,1997年)。

③ [日]千葉德爾:『(増補改訂)はげ山の研究』,そしえて,1991年。

④ [日]松田吉郎:「明清時代浙江鄞県の水利事業」(中国水利史研究会編『佐藤博士還暦記念中国水利史論集』),国書刊行会,1981年。

⑤ 长濑守先生曾讨论过宋代明州鄞县的水利问题,他针对笔者的论述,在松田吉郎《明清时期浙江鄞县的水利工程》(收录于《中国水利史论集》)中讨论了明清时期鄞县的情况。但能否用发展的概念来把握明清时期的管理结构,还有待商榷。

经办多年,近水地方砍伐殆尽,十余年均取于深山穷谷差之中,已属挽运维艰,虽钱粮分给山客,四路购办,而一切价脚盘罢费浮于部价,山客已力不能支,不得已,官为添给水脚始得到工。

用作船材的樟树是温州和处州的产物("瓯"指温州,"栝"指处州),能自给自足。但是,水路沿线地区的供应变得困难后,人们开始通过陆路运输从深山山谷搬运。然而,价格十分高昂,因此政府通过增加运输费用来收集船舶材料。

该文章紧接着描述了用于桅杆的木材:

办桅之难。向来用桅俱购大建杉以作桅心,外用帮桅配竖。近年大桅心亦少,各厂均赴厦门购办番桅。

这表明,由于用于桅杆的大雪松数量变得稀少,各造船厂纷纷去厦门购买"番桅"(外国的桅杆木材),因此也产生了额外的运输费用。

清朝前半期,温州的造船厂每年生产 90 艘船,但实际上,造船厂在木材匮乏的困境中苟延残喘。

如此,始于南宋时期的现象在浙东地区更加严重。明清时期,这种现象在其他地区也开始多见。例如,据说在清朝中期,政府为镇压叛乱而积极造船,这导致木材过度采伐,而在清朝道光年间(1821—1850),福建的船厂由于桅杆的木材短缺而被迫暂停运营。[①] 还有人指出,在清代福建的沿海城市——兴化府的衰落过程中,森林砍伐造成的水土流失和水利设施的泥沙淤积问题浮出了水面。

此外,清代淮南盐业的主要燃料是芦苇草,可即便是卢苇草也存在原料短缺问题,这导致盐价飙升,并最终引发盐业制度的崩溃。佐伯富指出:"在近代中国,燃料是一个特别重要的问题,因为中国文明古老,山林滥

---

① 祝慈寿:《中国古代工业史》,学林出版社,1988 年。

伐,造林不多。"①盐业的燃料木柴短缺问题在宋代就已经出现,②可以说在中国,木材甚至包括草在内的广义上的柴火,陷入了一段长期匮乏的境地。

如上所述,在南宋时期,这种现象仅局限于中国中部和南部沿海地区的两浙路,到了明清时期,这一现象的范围扩大了。

明清时期的资源匮乏不仅与木材相关现象有关,而且还与成本高昂的金属甚至土地本身有关,伊懋可认为这也是阻碍中国技术发展的一种障碍。③ 相比之下,正如最近备受学术界关注的,同样是东亚,日本实际上被视为"富国"。这一点,我们看一下铜的情况就能马上理解了。在北宋时期,中国的铜和铜钱一直都是自给自足的,但在南宋时期(960—1279),铜的产量急剧下降,官府不得不限制铜钱的出口。在明朝,中国从日本大量进口铜,铜钱的出口才得以维持。但在清朝,中国不仅开始进口铜,还开始进口银,然而江户幕府正式铸造了宽永通宝,实现了货币的统一,这导致中国货币被日本淘汰。川胜平太强调了货币材料在亚洲经济史上的重要作用,并将日本"从货币进口国到货币材料供应国"的转变与中国进行了比较,后者的发展方向恰好与前者相反。④ 换言之,铜也好,铜钱也罢,南宋时期是中国能够为自己提供货币材料的末期,和森林环境一样,处于转折期。

但是,为避免误解,本文并不打算通过这种环境史的分析,将中国单独与"停滞"联系起来。14 世纪被伊懋可先生定位为中国经济史的转折期,在这一时期,欧洲历史上也出现了发展停滞期,即伊曼纽尔·沃勒斯坦⑤(Im-

---

① ［日］佐伯富：『中国塩政史の研究』,法律文化社,1987 年,第 554 页—555 页。

② ［日］吉田寅：『元代製塩技術資料『熬波図』の研究』,汲古書院,1983 年。

③ Elvin Mark：*The Pattern of the Chinese Past*,Stanford University Press,1973；Elvin Mark：*Another History：Essays on China from a European Perspective*,Wild Peony,1996。

④ ［日］川勝平太：『日本文明と近代西洋「鎖国」再考』,日本放送出版協会,1991 年。

⑤ ［美］Wallerstein Immanuel：*The Modern World-System：Capitalist Agriculture and the Origins of the European in the Sixteenth Century*,Academic Press,1974（川北稔訳：『近代世界システム』I・II,岩波書店,1981 年）。

manuel Wallerstein)所说的"14 世纪的危机"。领土扩张是摆脱危机的关键，它使欧洲从世界各地获得粮食和燃料等基本商品。① 15 世纪起，西欧也逐渐经历了木材短缺的困扰，时间上晚于中国，但与中国不同的是，他们可以依靠殖民地造船，从殖民地进口木材。② 因此，可以说，就其自身的森林资源而言，西欧与中国的差异只是时间上的相对差异。

最后需要补充的是，笔者原本对宋代浙东的地方社会史，特别是温州的地方社会史颇感兴趣，但为了立足于长期的经济史定位，本文采用了环境史的手法。虽然从原本的环境史手法的角度看，还有许多应该进一步分析的地方，但限于篇幅，本文将再次回到温州的地方社会史来结束本文的讨论。

南宋时期温州的代表思想家叶适于嘉定十年（1217）十二月撰写了《温州社稷记》（《水心文集》卷十一）。据《周礼》记载，古人在社稷坛上种植适合该地区的树木，作为田主，正如叶适所言，"永嘉之木，莫宜于豫樟"，"豫樟"被选为适合温州的树木。

"豫樟"即为樟树，如今仍然广泛分布在华南到华中，该木材韧性好，防潮性强，是一种比较高档的木材，适合造船和建筑。③《［嘉庆］瑞安县志》卷一《兴地·山川》中有"樟"这一项也记载了："木大理细，香逾栴檀，可为战舰。"这是一种真正有助于繁荣造船业且适合温州种植的树木。

然而，在南宋时期，温州经历了"山林大木绝少"的局面，正如上述《［乾隆］温州府志》所指出的，在清朝，樟树作为造船材料经常供不应求。

从长远来看，温州作为一个沿海城市并未实现稳定的繁荣，只有在宋朝的某个时期，冠上"永嘉"这一地名的学派才显示出其独特性。可以说，樟树作为一种有限的资源，从正反两方面象征着宋代之后温州的兴衰。

---

① ［美］Wallerstein Immanuel：*The Modern World-System：Capitalist Agriculture and the Origins of the European in the Sixteenth Century*，Academic Press，1974（川北稔訳：『近代世界システム』Ⅰ・Ⅱ，岩波書店，1981 年）。

② Ponting Clive：*A Green History of the World*［石弘之・京都大学環境史研究会訳：『緑の世界史』（上）・（下），朝日新聞社，1994 年］。

③ 笔者主要参考：中国农业百科全书编辑委员会编：《中国农业百科全书·林业卷（上、下）》，农业出版社，1989 年；浙江植物志编辑委员会：《浙江植物志》第二卷《木麻黄科—樟科》，浙江科学技术出版社，1992 年；茅以升主编：《中国古桥技术史》，北京出版社，1986 年。

他山之石：西方艺术史中的宋代金石学研究

——陈云倩《金石：宋朝的崇古之风》读后

黄　璟

（浙江大学古籍研究所）

《金石：宋朝的崇古之风》（*Bronze and Stone：The Cult of Antiquity in Song Dynasty China*，下文简称《金石》）是第一本全面论述宋代金石学及尚古运动（antiquarianism movement）的英文著作，中译本于 2022 年由社会科学文献出版社出版。作者陈云倩（Yunchiahn C. Sena）博士毕业于美国芝加哥大学，现任美国三一学院克鲁格尔亚洲艺术客座助理教授，主要研究方向为中国艺术和视觉文化。《金石》一书采用了跨学科的研究方法，综合利用了传世文献、出土文物和考古资料等材料，从文本、物质、社会背景等各个角度对宋代尚古运动进行了阐述。

该书在西方艺术史的视野下，观察了中国宋代社会对古物的热爱，并讨论了其中蕴含的古代观念的变迁。作者认为，宋代尚古运动是复古运动的重要构成，核心特点在于古物实践，这也是它区别于其他复古运动的关键。在对古物的运用上，又存在两个层面：以欧阳修为代表的文人以拓本为媒介追求历史的真实，利用的是古物的文本价值与历史价值；宋廷与其他一些私人收藏者则更关心古物的形制、装饰等物理特征，以重构古代仪式，利用的是古物的物质价值与仪式价值。引人注意的是，后者进一步激发了仿古宋器的大量生产，构成了丰富的物质文化遗产。以古代青铜器为核心的物质文化研究是此书的重点，主要分布在第二、三章中。在作者看来，宋代尚古运动开创的古物实践，为后世提供了新的思想文化与审美价值。

一、解构与重构：从金石学到尚古运动

金为彝器，石为碑刻，因其坚固不朽，古人镌刻文字于其上以传后世。宋代，收藏、研究金石器物的学术风气逐渐盛行，金石学由此发轫。在研究内容上，这一新兴的学术研究除了释读铭文之外，也对器物本身，尤其是对青铜器的形制、定名、分类有所涉及。在研究材料上，宋代金石学也不仅限于彝器、碑刻两种，亦涉及到古玉、印玺等。王国维言及宋代金石学时，将其功绩分为"搜集""传拓与著录""考订与应用"三个方面，并冠之以"完成之域"的评价。① 罗振玉亦曾言："宋代著录彝器之外，凡任器，若釜、甑、灯、锭、奁、鉴之类，微论有文字与否，悉图写其状，详记其所出之地、藏器之人与重量、尺寸，其法颇备。"②清代乾嘉以降，金石学蓬勃发展，与古文字学、史学、经学、艺术的关系愈发紧密而复杂。清末，对金石学学科分类的讨论引起了学界关注。在各种纷杂的论争中，罗振玉以"古器物学"代替"金石学"的观点是具有较大影响力的。他指出，清人将金石学"变为彝器款识之学，其器限于古吉金，其学则专力于古文字，其造诣益精于前人，而范围则隘矣"，并认为"古器物能包括金石学，金石学固不能包括古器物也"，主张以"古器物学"一词规范学界。③ 不过，古器物学之名的使用，亦有不同情况。如，罗振玉所提的古器物学，与李济在考古学语境下提出的古器物学二者就有所区别。李济将古器物学纳入现代考古学体系，认为金石学是古器物学的前身，研究对象为三代彝器。④ 学界对金石学之名莫衷一是的原因至少有二：其一，金石学自身由宋至清在不断发展；其二，传统目录学著录金石书时的分类标准始终未曾统一，存在多种话语体系。⑤

---

① 方麟选编：《王国维文存》，江苏人民出版社，2014 年，第 748—753 页。
② 罗振玉：《雪堂藏古器物目录》序，见罗继祖主编：《罗振玉学术论著集》第 7 集，上海古籍出版社，2013 年，第 3 页。
③ 罗振玉：《古器物学研究议》，《北京大学日刊》1918 年 9 月 28 日第 2—3 版。
④ 李济：《中国古器物学的新基础》，见张光直、李光谟编：《李济考古学论文选集》，文物出版社，1990 年，第 60—70 页。
⑤ 容媛：《金石书录目及补编》，大通书局，1974 年，第 1—14 页；张靖：《论金石学学科领域的金石书籍分类》，《图书馆理论与实践》2010 年第 3 期，第 39—44 页。

　　《金石》的研究基础,则来源于西方汉学及艺术史研究这二重背景。目前,西方汉学界最为通行的,是以"铭刻学"(epigraphy)来指称中国传统金石学。与此有异曲同工之处的,是施蛰存根据"款识"(inscription)新创的 inscriptology 一词。从本义来讲,二者皆指研究刻在器物之上的文字的学问,但后者并未被学界采用。① 20 世纪 80 年代,张光直将中国考古学介绍到西方时,首次使用"antiquarianism"一词来指称金石学。艺术史研究是西方人文学科的四大支柱学科之一,有着深厚的学术积淀。金石学因其与艺术品的鉴赏、收藏相关,多被归入艺术史研究领域之中。在艺术史研究中,以"antiquarianism"指称金石学是被广泛使用与接受的。不过,随着不同阐释的逐渐积累,艺术史研究赋予了"antiquarianism"更多的内涵。于是,"好古主义""博学好古研究""古董主义"等具有西方色彩的用语开始出现。② 艺术史学者巫鸿曾对金石学与古器物学的关系有所论述:"宋代以降,古器物学获得了'金石学'之名,因为'金'(青铜器)和'石'(石刻)几乎构成了古物研究的全部内容。这两个类别的一个重要区别在于前者收藏器物,而后者的兴趣则在于保存铭文拓本,而非石碑或画像石本身。"③在他的认识中,金石学是中国宋代之后古器物学的特殊名称,古器物学则可以有更广泛的规模及范围。总结来讲,《金石》一书吸收了西方学界的积淀成果,并在此基础上形成了对中国金石学的基本认识。首先,书中涉及到中国传统金石学与欧洲近代早期(early modern)古物学间的比照,在字里行间,陈氏以"antiquarianism"指向"金石学"之意

---

　　① 施蛰存:《金石丛话》,中华书局,2013 年,第 2 页。徐玲《留学生与中国考古学》言 inscriptology 有广泛使用,但据笔者所查这一词并未收进常见英文词典,参[英]皮尔素(Pearsall J.)编:《新牛津英语词典》,上海外语教育出版社,2001 年。

　　② "好古主义""博学好古研究",见 Peter N. Miller & François Louis. *Antiquarianism and Intellectual Life in Europe and China*, 1500—1800. Ann Arbor: the University of Michigan Press, 2012: p. 5。2003 年台北故宫"古色——十六至十八世纪的仿古风"研讨会,将古物的复古现象分为三种,其中之一为"古董主义",意指以仿古替代古物。陈芳妹:《青铜器与宋代文化史》,台湾大学出版中心,2016 年,导言第 5 页。

　　③ [美]巫鸿:《武梁祠——中国古代画像艺术的思想性》,生活·读书·新知三联书店,2006 年,第 50 页。

相对明晰。① 更为重要的是，该书承续了巫鸿的观点，将宋代金石学看作是中国古器物学的一个阶段。

宋代金石学本身是一个相对完备的概念与体系，它的产生与发展是宋代学术研究的一个重要特征，也是中国古代学术史中不可忽视的动向与潮流。此书在"金石学"（antiquarianism）之外，更多尝试构建了"尚古运动"（antiquarian movement）的概念，意指宋代社会形成的、以金石学为基础的、由针对古物的一系列自发实践组成的社会风潮。尚古运动的提出，很大程度上参考了陈芳妹《青铜器与宋代文化史》。这本著作对宋代的器物复古运动有深刻剖析，并提出了"器物运动"的观点，但并没有将"器物运动"作为主要的研究对象，而只是以之总结论述。因此，尚古运动既是《金石》的核心概念，更是创新之处。

尚古运动最突出的特点是针对古物的活动。这与金石学密不可分。一方面，作者以王国维的总结为基础，从宋代金石学的三种实践活动——收藏（collect）、著录（write）、挪用（appropriate）中寻找研究的切入点，涵盖了宋代金石学的主要方面。与传统金石学相比，尚古运动接近于一种社会风潮与文化现象，作者突出了其中对古物的利用，从而实现了对物质文化以及古代观念的整体讨论。另一方面，前人的研究中存在一个范式，即把宋代金石学家看作一个合作集体，认为他们在同一套规范下为共同的目标工作。作者认为这一范式虽然有利于快速确立简洁明确的学科研究，但忽略了不同金石学家各自的知识谱系与社会地位。② 为避免这种局限性，该书的讨论充分考虑了其所在语境的异同以及个体选择的差异，展现出尚古运动内部的多样性与差异性。

二、分类与阐释：尚古运动的具体内涵

基于王国维总结的宋代金石学的三种实践，《金石》对尚古运动进行了

---

① ［美］陈云倩著，梁民译：《金石：宋朝的崇古之风》，社会科学文献出版社，2022 年，第20—37 页。参 Yunchiahn C. Sena. *Bronze and Stone：The Cult of Antiquity in Song Dynasty China*，Seattle：University of Washington Press，2019.

② ［美］陈云倩著，梁民译：《金石：宋朝的崇古之风》，第86 页。

分类阐释。此书结构分布规整,主体内容分作三章,分别对应古物的收藏(collect)、著录(write)与挪用(appropriate)。书前引言部分回顾了先行研究,介绍了研究材料、研究方法及研究内容。书末的结语总结了尚古运动的发展脉络及特点,申发了尚古运动对后世的深远影响。

在理论分析中,陈氏则主要集中于对三个问题的阐释:一是古物在宋代收藏与研究活动中的功用与物质性;二是 11—12 世纪古代观念与政治论争之间的思想关联;三是古代意象的流传与挪用。① 这三点贯穿于三章之中,是书中始终试图思考与解决的问题。通过专注于这三个问题,陈氏在思想、历史、文化语境中对尚古运动进行了深层次的理论探讨。

(一) 金石收藏:以拓本为媒介

欧阳修(1007—1072)是宋代金石学的"开山之祖",撰写了最早的金石书《集古录》。这本金石书现已不存,但可以通过《集古录跋尾》《金石录》等书恢复部分内容。② 在金石收藏部分,《金石》就以欧阳修的收藏活动为例,探讨了拓本作为媒介的重要性。

陈氏首先基于古文复兴思想的影响,分析了欧阳修《集古录》成书的内在动因。随后,她选取了《孔子庙堂碑》《大唐中兴颂》、韩城鼎三个具有代表性的铭刻,论证欧阳修利用拓本的三个层面。其一,拓本的出现拓展了金石收藏的时空界限。欧阳修的金石收藏以拓本为主体。《孔子庙堂碑》前后三次镌刻,历经曲折。随着一块石刻的不断磨泐,时代越晚的拓片自然保存内容越少。不过,碑石重刻、拓本剪裱技术的使用,都会干扰读者判断新旧拓本的逻辑。《孔子庙堂碑》的临川本便是如此。作者通过重构这一石刻条

---

① [美]陈云倩著,梁民译:《金石:宋朝的崇古之风》,第 6—8 页。

② 学界对《集古录》《集古录目》《集古录跋尾》三者的关系研究致力颇多,主要集中于对《集古录》本身留存状况的考察。陈尚君利用周必大编《跋尾》及《集古录目》,认为《集古录》一千卷中其目多数仍存。参陈尚君:《欧阳修著述考》,《复旦学报(社会科学版)》1985 年第 3 期,第 162—163 页。另有王宏生对《集古录》的文献学研究,包括成书、版本、著录等方面。参王宏生:《〈集古录〉成书考》,《史学史研究》2006 年第 2 期,第 77—80 页;《〈集古录〉著录、流传与版本研究》,《淮北煤炭师范学院学报(哲学社会科学版)》2007 年第 4 期,第 34—37 页。

目的卷轴，表明欧阳修收藏的主要物品是拓本而非原石。其二，在捶拓技术中，拓本与石刻表面有接触。这保证了拓本在特定时空点的真实，使其成为文人收藏的理想媒介。《大唐中兴颂》是摩崖刻石，因后世捶拓过多逐渐残损，故摹写增补者多。欧阳修《唐中兴颂》跋中，强调了收藏这通拓本的原因，并不在于拓本的便携性，而是在于拓本的真实性。拓本之于原石，不是简单的复制，而是瞬间生命的留存，能够告诉读者除文字之外的很多信息。其三，欧阳修进行拓本收藏的目的，不在于恢复石刻面貌，而在于接近历史的真实。韩城鼎又名晋姜鼎，其上刻有金文。欧阳修从刘敞、杨南仲二人处得到了不同来源的金文释文，并将二者同时采纳入《集古录》。作者在此引入"概念性原文"的概念，认为欧阳修所寻求的不是某一份铭文材料的重构，而是无限趋近其背后原文的真实，也就是历史的真实。

（二）金石图谱：古器物的视觉表达

在宋代礼制改革的政治背景下，陈氏向我们展现了金石著述，尤其是金石图谱的编纂。由于古代礼学典籍在流传中容易产生文本演变，仁宗朝的礼制改革将视线转向了古物。宋廷在关注铭文之外，更开始重视古物的物理特征，将古物作为铸造新制礼器的模范。这是一个重要转变。作者在讨论中还区分了朝廷与个人两个层面。朝廷的用意主要在于利用古物蕴含的政治权威象征。以文人士大夫为主的个人则更关注古物的历史价值与人文价值，并以此为动力，开始了金石图谱的编纂。

在个人层面，《金石》主要讨论了两位金石学家。首先是刘敞（1019—1068），他在古器物的私人收藏与著录研究上有开创之功。通过重构刘敞的金石著述《先秦古器图》，[①]该书将刘敞的主要研究方向总结为三点：古

---

① 在《籀史》中，刘敞所作之书名为《先秦古器图碑》。（宋）翟耆年：《籀史》卷上，商务印书馆，1935 年，第 16 页。而此书更为广泛的名称为"先秦古器记"，《铁围山丛谈》卷四、《公是集》卷三六、《集古录》"韩城鼎铭跋"皆如是。参（宋）蔡絛：《铁围山丛谈》，上海古籍出版社，2012 年，第 54 页；（宋）刘敞：《公是集》，商务印书馆，1937 年，第 437 页；（宋）欧阳修：《欧阳修全集》，中华书局，2001 年，第 2067 页。此处作者当本《宋史》。（元）脱脱等撰，中华书局编辑部点校：《宋史》卷二〇二《艺文一》，中华书局，1985 年，第 5076 页。

代礼制、古文字及考证世次。刘敞之后,私人收藏的数量迅速增长。书中讨论的第二位金石学家是李公麟(1049—1106)。作者重构了李公麟编纂的三种金石著述。一为《考古图》,此书是对李公麟藏品的全面著录,在内容和体例上都对吕大临《考古图》有深远影响;二为《周鉴图》,主要记载夏商的古器铭文;第三种《古器图》则是藏品展示,遴选所藏商周礼器,并实现了古器物的视觉表达。这三者互相区别,互为补充,展现出李公麟金石研究的不同路径。从这三种著作来看,李公麟对金石学的贡献,不仅在于提倡将古物运用到日常生活中,更在于结合传世文献开创了金石类型与装饰的定名系统。

在宋代,金石著述揭示出古物的社会功用和视觉表达,是文学活动的重要组成部分。无论是收集、摹写、捶拓的录文,还是描摹古物形制、装饰的图示,抑或是对仪式、历史的记载,古物的所有信息都因金石著述的产生而渐趋细致与规范。这一部分的论述进一步彰显了古物在尚古运动中的核心地位,为之后的论述做好铺垫。

(三) 古物挪用:仿古宋器的三种实践

仿古宋器是艺术史领域物质文化研究的热点问题。在仿古宋器的研究中,二重证据法是最为主要研究路径,即结合出土文物与以图录为主的传世文献,对物与物的形制、装饰进行关联与对比。《金石》也遵循了这一研究范式,不过,陈氏的论述,尽可能地尝试还原器物的古代语境,从而找寻出对每件古物功用的合理解释。

在书中,宋代仿古器的制造分为三种模式。第一种是全盘复制,完全仿照古代模范的外形、尺寸、装饰来生产仿古器。如此生产的仿古器在形制与仪式功能上与古代模范十分相似,是朝廷仪式改革的重要组成部分,如大晟钟、周宋公𫚖钟等,但数量上并不多见。第二种是仪式性挪用。在仪式性挪用中,古物的某种形制或是图案被抽象为符号,象征着与古代原型相似的仪式意义,如虞公著妻留氏碑志参考了东汉石碑的形制。第三种是装饰性挪用。代表了中国古代的古物元素,在挪用中经过一定的夸张演绎,也可能结合一些当代的新元素,完全融入进宋代的语境。这种仿古器大量出土于宋代的文人墓葬。与第一种相比,后两种生产模式下制造的仿古器虽然也会用于仪式,但更与宋代新兴的士人阶层有所关联,有助于他们创造个人文化身份认同与美学体验。所以在本质上,这三种生产模式是在物质文化中实践古代的三种方式。在梳理古物挪用的三种实践的同时,陈氏基于考察仿古风格在宋代时空中的流动与传播,进一步探讨了物质背后审美与思想上的深层因素。

三、挪用或借用:术语翻译的再探讨

在西方艺术史,乃至文化史领域中,挪用(appropriation)是一个十分重要的概念。由耶鲁大学教授罗伯特·S·纳尔逊(Robert S. Nelson)等人编著的《艺术史批评术语》(*Critical Terms for Art History*)一书,对挪用有专文介绍。此书初版在 1996 年,再版在 2003 年,如今读来,已有不少内容需要与时俱进了。不过,我们从中依然可以找到一些挪用概念在艺术史领域出现、形成、发展的线索。① 罗伯特·S·纳尔逊首先从挪用的词源出发,强调其动作的主观性。随后,他对挪用进行了艺术史领域的学术追溯,辨析了两个相近表述,一为借用(borrowing),一为影响(influence)。他评价前者称为"less successfully",并对后者进行了概念性批判。随后,他指出,在罗兰·巴特(Roland Barthes)的符号学的影响下,挪用可以被理解为一种符号系统的转换。在讨论中,罗伯特·S·纳尔逊常聚焦于一些具体的视觉艺术案例,还关涉到当代文化挪用的相关问题。从这篇文章中,我们可以抽绎出一些有关挪用的基本观念,以及研究挪用的基本途径。

与一些传统概念相比,挪用中蕴含了对主观能动性的肯定,强调了个人或群体的创新能力,而研究挪用则需要充分考虑社会背景与历史语境的作

① Robert S. Nelson & Shiff Richard. *Critical Terms for Art History*. Chicago:University Of Chicago Press, 2003:pp. 160—173. 此书中译本有两种:《艺术史关键词读本》,李晟曌、孙大棠等编译,中国美术学院出版社,2010 年,第 107—118 页;《艺术史批评术语》,郑从容译,南京大学出版社,2022 年,第 157—170 页。两种中译本皆将 appropriation 译作挪用。

用。由此,我们联想到,同样也是在西方文化史领域中,阅读史研究学者罗杰·夏蒂埃(Roger Chartier)提出的核心理论——appropriation/appropriate,常译作"拮借""挪用"或"占有"。① 罗杰·夏蒂埃强调,读者在阅读过程并非被动接受,而是主动进行创造性理解的。在这种主观因素的影响下,对文本的理解常常会冲破书籍作者、出版方所制定的权力秩序和规范。其实,无论是艺术史还是书籍史,都受到了新文化史思潮的影响。因此,二者呈现出一定原理上的相似性,即在特定社会背景中,重视"接受者"的主体性和创造性。这也体现出当前西方文化史领域的研究趋向。

通过上文的分析,我们已经知道,《金石》一书是建立在西方艺术史语境之中的,由此可以推测,作者对挪用概念应当非常熟悉。然而,在此处,我们还是有必要考察一下,书中的相关表述是否与艺术史中的挪用概念有直接关联。基于第二部分中对该书基本内容与论证逻辑的梳理和概括,此处,我们试图对书中的部分细节加以分析,主要考察 appropriate、appropriation 的使用,同时也包括 borrow、apply to 等用语表述,来进一步贴近作者的表达内涵。

在复制古物的三种模式中,陈氏始终都在强调,这一实践在不同群体中具有的独特历史文化意义。例如,对古代礼器的"再现"是为了满足当代的需求。② 她在讨论宋代士人阶层对新仪式的墓葬实践时,举留氏碑志之例。正如《朱子家礼原序》中所言:"三代之际,礼经备矣,然其存于今者,宫庐器服之制,出入起居之节,皆已不宜于世……是以尝独究观古今之籍,因其大体之不可变者,而少加损益于其间,以为一家之书。"③士人阶层在复古追远的同时,又对一时之法有所需求。陈氏认为,这些新仪式既要适应当代生活的发展面貌,又要符合儒家的传统原则,并用 archaistic appropriation 来解释留氏碑志的纪念碑形制、装饰与所置环境间的一些"不融洽"。她更将碑志

---

① 林佩:《罗杰·夏蒂埃的法国阅读史研究》,《现代出版》2018 年第 5 期,第 65—68 页。李任之:《从"文化的社会史"到"社会的文化史":罗杰·夏蒂埃的文化史研究》,《史林》2021 年第 5 期,第 193—205+222 页。

② [美]陈云倩著,梁民译:《金石:宋朝的崇古之风》,第 122—123 页。

③ (清)郭嵩焘撰,梁小进主编:《校订朱子家礼》,见《郭嵩焘全集》第 2 册,岳麓书社,2012 年,第 625 页。

制作背后的动因，归为"appropriate"一些古代的象征，以用作彰显文化权威与社会地位的符号。① 而在第三种模式中，仿古器物的制作则跨越了器物、形制、装饰的边界，更多地为审美意义服务。② 这些集中在第三章中的例证，在很大程度上符合了挪用概念是符号系统转换的内涵，将其与普通的模仿、复制、借用区别开来。

然而，在译著中，"挪用"概念被有意或无意地略去了，常被译作借用、袭用、假借等。在引言部分介绍研究对象时，译者将尚古运动的三种主要活动译为"收藏、著述和鉴赏"，此处的译文略欠妥当。"鉴赏"原文作 appropriation。这三种主要活动的分类叙述是在王国维《宋代之金石学》的基础上总结发展得来的，所谓"鉴赏"当对应的是王氏所言"考订与应用"。在说明"应用"所指的时候，王国维列举之例为宋代仿古礼器的制作与使用，这距离鉴赏之意相去甚远。我们指出译著中的翻译值得商榷，意图绝不在于固化术语的翻译方式。其实，将 appropriation/appropriate 相关概念译作挪用，尚且存在反思的空间，这一名称还远未获得学界的统一认可，只是达到了一定程度上的"约定俗成"。不过，指出这一翻译上的缺憾，对进一步揭示他者观察中国历史文化的学术意义很有帮助。

我们之所以着重强调挪用概念，是因为在《金石》中，它不仅仅是一个概念术语，更成为了考察宋代尚古运动的路径与方法。通过这种方法，作者能够在完成尚古运动的统一建构的同时，充分考虑其内部的复杂性与多元化。更为重要的是，这种对多元化的肯定与分析，是艺术史研究近代发展的动向与特征。在艺术史学科草创时期，西方世界存在一种"一元论"的趋向，意图创造一个普遍的、以希腊为标准的艺术或艺术史原则。在这一原则下，作为他者的中国始终被忽略、被界定、被简化，甚至于失去了真正属于中国的古代来源。③ 自 19 世纪以来，西方艺术史逐渐走出了"一元论"的标准与原则，尝试从新

---

① ［美］陈云倩著，梁民译：《金石：宋朝的崇古之风》，第 148—151 页。

② ［美］陈云倩著，梁民译：《金石：宋朝的崇古之风》，第 155 页。

③ 参孔令伟：《悦古：中国艺术史中的古器物及其图像表达》，上海书画出版社，2020 年，第 54—55 页。

的维度研究他者,并重新认识东西方文化的差异。此书利用挪用概念,将器物、人物、事件置于自身的历史文化社会背景之中进行考察与阐释,正是观察他者、认识他者的有益尝试。

四、余论:金石学研究之反思

如今,传统意义上的"金石学"已被分解为考古学、历史学、文献学等各个单列的现代学科。① 现代学者对金石学的研究,多利用各自学科内的研究方法与角度,去探讨金石学的内容、特征、发展、代表人物等问题,并最终指向本学科关照的核心问题。在这一过程中,如何在金石学自身的发展语境与学科语境中寻求平衡,一方面尽量贴近金石材料内涵,另一方面展现学科各自的研究特点,是需要谨慎处理的问题。

在金石学研究中,拓本的重要性不容忽视。正如《金石》中举出的一些例证:欧阳修的收藏活动中,拓本是主要藏品;李公麟的《考古图》以拓片的形式在金石圈内传播;仁宗朝以青铜器拓片作为朝廷官员的赏赐。在宋代金石学人的学术生活中,拓本占有着重要地位,是金石实践的重要媒介。事实上,学界对于拓本在古代金石学中的形态、性质、功能,已渐趋重视,成为近年来的学术热点。

20世纪初,巫鸿有《说"拓片"》一文,集中讨论了拓本的物质性与历史性。在了解了拓本的生产链之后,我们便知,拓本除了承载铭文、刻文之外,更拥有自身的物质存在、艺术风格和审美传统。物质性使拓本能够流传并发生物理变化。这些不同时空中产生的痕迹,正能够诉说原石与拓本的历程,体现了拓本建立在时间性基础上的历史性。② 这篇文章最初发表于

---

① 陈振濂:《"金石学"研究的当代意义与我们的作用》,《艺术百家》2008年第3期,第11—15页。这篇文章主要针对如何"重振"已衰退的金石学展开,笔者在此参考了其对于金石学分解至现代学科的分析。

② [美]巫鸿:《时空中的美术》,生活·读书·新知三联书店,2016年,第83—108页。原文见Wu Hung, "*On Rubbings—Their Materiality and Historicity*", Judith T. Zeitlin and Lydia H. Liu (eds.). *Writing and Materiality in China.* Cambridge, Mass: Harvard University East Asian Publication, 2003: pp. 29—72。又巫鸿《废墟的故事》中有《拓片:废墟的替身》一文,内容与此文有所重合。[美]巫鸿:《废墟的故事:中国美术和视觉文化中的"在场"与"缺席"》,上海人民出版社,2017年,第57—71页。

2003 年,要解决的根本问题是确立拓本作为原创艺术品的地位。这一问题来源于东亚和西方学界的观念差异。20 世纪末,西方学界掀起了物质文化的热潮,考古学、历史学、艺术史等各个学科都参与其中。① 然而,最初在西方学界的中国艺术史研究中,拓本被认为是一种复制品,没有引起足够的关注。② 在这一背景下,巫鸿有意向西方学界展示了拓本创造性的生产方式,以及拓本的流通与空间、时间的关系。从此,拓本作为一种艺术品得到了学界的重视。《金石》也正是在这一论述的基础上,将拓本作为一种独立的物品纳入宋代尚古运动的体系之中。

　　大抵是在巫鸿的著作发表之后,西方学界对拓本物质性的关注,逐渐推动了国内文史领域对拓本的反思。与西方学界不同,在传统金石学的深厚影响下,金石文献,尤其是石刻文献,素来是中国文史研究的重要材料。传统金石学以朴学为基,"金石证经""金石证史"是金石学人最为关心的研究方向,其中尤以证史居多。翁方纲"夫金石之足证经史,其实证经者二十之一耳,证史则处处有之"之语,正是此意。③ 在这些研究中,拓本作为石刻文献的主要载体,被学者们"自觉"使用。同时,在石刻文献整理工作中,现存拓本是校勘文本的来源之一,是重要的参考资料。拓本除了展现铭文,更是一个学术交流的平台,承载着收藏者的题跋,并多钤有藏印,从中可以窥见石刻历史、拓本递藏等多个维度的问题。

　　近二十年来,在物质文化研究的持续影响下,拓本则逐渐从研究材料转变为研究对象。越来越多的学者开始尝试探索拓本作为一种文献形式自身的特点。拓本是印刷品的一种,它是石刻的复制方式,也是再生产方式。它打破了时空的限制,提供了更方便、更多元的阅读与欣赏石刻的方式,也极

---

　　① 物质文化在西方兴起的时间及其跨学科性,参程章灿:《尤物:作为物质文化的中国古代石刻》,《学术研究》2013 年第 10 期,第 127—136 页。

　　② 参耿海珍:《拓片——亟待重视的中国文化瑰宝》(采访稿),见杜少虎主编:《艺术品投资与交流》第 2 卷,线装书局,2013 年,第 186—190 页。

　　③ (清)翁方纲:《平津馆读碑记序》,见《石刻史料新编》第 1 辑第 26 册,新文丰出版社,1982 年,第 19347 页。

大地满足了人们对于古物手迹的迷恋心理。① 同时,涉及了石刻版本,拓本、原石、金石书间的交互关系,拓本背后的拓工群体等相关问题,都值得学界进一步的探讨与研究。

---

① 程章灿:《石刻文献之"四本论"》,《四川大学学报(哲学社会科学版)》2022 年第 5 期,第 45—54 页。

于平常之处见功夫

——评《真德秀研究》

李欣宇

（兰州大学文学院）

真德秀是南宋后期的政治家、思想家、文学家，其一生致力于继承朱子学说，彰明道统，在南宋思想史上有着重要地位。处于权臣秉政的政治环境中，他"晚出独立，慨以世道自任；即口颂心，惟验己之实践；行世接物，体心之所安。造次理道，于仕于处，无贵贱少长爱而敬之"①，对朱子学说由"伪学"转为正学起到重要的推动作用。前人关于真德秀的研究已较为充分，例如学术思想、生平与交游、文学观及创作、教化理论与社会实践等方面都取得一定进展。前人的研究成果为后来者奠定基础的同时，也给后续研究者形成较大的压力。如何推进已有丰硕成果的课题，极为考验研究者的学术眼光、学术胆识和学术能力。正如程千帆曾指出："我们在研究中所遇到的更多的一种情况，还是前人已做过一些研究，但是做得还不够充分，有继续补充和扩展的必要；或者是前人的解释尚不够圆满，不能让人完全信服，有必要做进一步的阐释。这种在前人研究基础上的进一步扩充和重新解释，也是一种创新，而且是现在科学研究中最多的一种命题。"②孔妮妮著《真德秀研究》正是一部建立在前人研究基础上并有创新的著作。③

《真德秀研究》是在其博士后出站报告基础上扩充而成的。全书结构完

---

① （宋）魏了翁：《参知政事资政殿学士致仕真公神道碑》，载《全宋文》卷七一一〇，第311册，第74页。

② 程千帆述，张伯伟编：《桑榆忆往》，《程千帆全集》第十五卷，河北教育出版社，2001年，第188页。

③ 孔妮妮：《真德秀研究》，上海古籍出版社，2022年。

整、论证清晰、逻辑严密，从作者对研究材料的补充和把握可以看出她深厚的文献功底。全书并不汲汲于援引令人眼花缭乱的新理论以重新阐发研究对象，而是扎实地把握住做学问的问题意识，秉持公正理解同情之品评态度，辅以方志、家谱、碑刻、笔记等多种文献资料，最终努力还原真实历史语境中的南宋理学名臣。

与以往的研究相比，《真德秀研究》有三个特点：

（一）由选择性关注转向整体性考察

以往真德秀研究受技术条件和研究基础的双重制约，多偏向对真德秀某一方面或单部著作进行研究，如孙先英《真德秀学术思想研究》、狄百瑞《真德秀及其经世思想》、向鸿全《真德秀及其〈大学衍义〉之研究》、刘兵《真德秀〈西山读书记〉研究》等。以上做法，优点在于能够对所关注的某一方面进行深入考察分析，然而也往往会因为缺乏整体性的关照，遮蔽了研究对象及其思想的多样性、层次性和连续性。正是在这一背景下，作者围绕真德秀的著作《大学衍义》《西山读书记》《心经》《政经》《谕俗文》《文章正宗》等，展开关于真德秀对君臣之学的诠释和建构、施政主张与地方治理、文道观的整体性论述。

与此前对《大学衍义》《西山读书记》《心经》《政经》这四本著作进行个案研究不同，作者没有将真德秀思想和著述视作封闭的个体，而是在其间搭建桥梁，整体性地考察真德秀的学术体系。《大学衍义》中对帝王之学的建构，围绕儒家追求"正君而国定"的君臣理想展开。辅弼之臣要培养君主格物致知的能力，包括"明道术""辨人材""审治体""察民情"。帝国之乱治全系于君主一身，所以人君要正心诚意，格心之非。内修己身，外严宗法。理学家逐渐将宗法与皇权结合，宗法秩序的提倡影响社会的方方面面。通过修身、齐家最终达到平天下的目标。《大学衍义》作为帝王之学，被宋以后的统治者视为执政之要。在《西山读书记》中真德秀通过对经史中的卿相进行考论品评，表达自己"君为臣纲"政治主张，构建了"正己""格君""谋国""用人"的辅臣之学，进而诠释"不谋功利""以道相合"的君臣理想与价值。

《心经》《政经》是真德秀为地方守牧提供的修身、为政、新民的理论指导。四部著作共同构成一个主体,全面地展现真德秀对君臣之学的诠释与建构。其中既有对帝王需"正心诚意"的建议,又有对臣子提出"不谋功利"的道德准则和"忠诚恭敬"的政治品格要求。君道与臣道的内核是真德秀在儒家学者身份的影响下形成的"反求诸己"思想。戴金波指出,宋代儒学发展中,真德秀处于一个较特殊的位置。北宋前期更关注"外王"之事,南宋转向"内圣"功夫,真德秀是以将"内圣"之学运用到"外王"之务这样的姿态出现。①如果说戴金波仅是猜想,《真德秀研究》则是将猜想落为实处,如上述所论第二章关于真德秀"内圣"之学的阐释,第三章到第六章则分别从庙堂之策、战守之争、地方治理和文道观来表达如何进行"外王"之务等。真德秀思想是一个复杂又庞大的体系,作者在兼顾整体性的同时,对真德秀思想进行了凝练概括,用一以贯之的思想来结构文章,使得本书博而不散。

(二) 研究的视角更加复杂多元

全书对真德秀的研究更加多元,分别从地域、交游、思想与现实互动几个方面展开。首先关注地域文化对真德秀的深刻影响方面,本书囊括了地形地貌等自然环境和风俗习尚社会事件等人文环境。第一章"从闽北寒士到更化词臣",作者从真德秀的家族聚居地福建蒲城入手,指出关雄峡险的仙霞古道是古人南迁入闽的必经之路,蒲城则是南迁士人选择定居的钟灵毓秀之地。通过分析蒲城的优越地理位置,说明其作为福建与中原地区文化交流的重要门户,对真德秀的经历赋予成长意义。自然环境的优越助推人文环境进步,真德秀生在崇文重教的文化之乡,蒲城四大家族口耳相传的文化记忆对真德秀未来的发展方向有着潜移默化的影响。闽地应举之风兴盛,真德秀浸润在这样的文化氛围中,又受岳父杨圭的培养,最终依靠博学鸿词科入仕。

其次是关注真德秀的交游。随着入仕真德秀的交往范围愈加广泛,所

---

① 戴金波:《真德秀研究述评》,《湖南大学学报》2008 年第 1 期。

受影响也愈加的复杂。作者搜集了真德秀的友人、老师、同僚与其交往的资料,例如友人陈宓,作者从《宋史》和《复斋先生龙图陈文公文集》中选取资料,通过梳理可以看出两人意气相投,都对权臣擅政的政治现状不满,相互砥砺以直言进谏为己任。此外,作者还梳理了朝堂一些前辈事迹或言行对真德秀的影响,例如词科前辈陈岘对真德秀题卷的品评起了定调推扬之功,这位有着知遇之恩的前辈刚直不阿的风范对真德秀产生了深远影响。真德秀为词臣时,对"祖宗之法"自觉维护与遵循、秉笔公正不畏强权的铮铮傲骨不能说没有前辈的影子。对于研究对象,只局限于其作品文本的分析难免有所缺失,创作不是孤立的个体行为,而是错综复杂的群体互动。纵览真德秀人生际遇,交了哪些朋友,得到过哪些名家的指点,受到哪些前辈的认可鼓励,对于我们后续阅读他的作品,研究他的思想有极大的帮助。在动态的交往关系中去探讨真德秀的成长,才能更好理解他的思想演变。

再次是通过关注真德秀思想与现实的碰撞,展现理学在晚宋时期各领域渗透极其复杂特征。真德秀一生不主议和、勤修军政以备战守的军政主张一直以来引起诸多非议,作者认为真德秀这些主张实际上与他的理学思想息息相关,需要从理学家强调内治修明而外患自平的政治框架中去理解。真德秀强调蓄力待时、以备战守的积极防御战略,虽然这一主张有时被批评,但战事的发展证明了他的长远眼光。真德秀在地方治理中践行"廉""仁""公""勤"行政准则,对自己及僚属为官有着严苛的要求,对治下百姓则施以仁厚的慧泽。出于稳定民心的现实考量,真德秀并不严守祀典,对民众中存在较大影响且有助于地方社会稳定的民间祀神也予以尊重,并将其纳入官方祭祀体系。这种举动不仅有助于地方治理,还体现理学家作为地方官如何平衡礼法与民俗关系的思考,反映出理学向社会基层渗透中的世俗化特征。真德秀努力化民成俗,力图将社会各阶层都纳入到理学秩序规范中。无论是军政主张还是地方治理,都体现着真德秀作为理学大儒对"道"的践履,标志着理学从庙堂开始渗透影响到民间社会生活的方方面面。

最后作者有意借南宋理学社会化进程的考察来助推宋元明清社会的贯通性研究。邓小南《祖宗之法》曾提出:"就朝廷上的政治气候及具体政治制度的渊源而言,很难说元明清数朝直接因循于宋代;但从'人心政俗'来看,则宋代在政治理念、思想文化方面的历史遗产,确实深深地渗入中国社会的肌体之中。"①目前关于以真德秀为代表的南宋理学家在基层社会秩序建构上的研究还较为薄弱,《真德秀研究》是这方面的一次有益尝试,通过深入考察南宋后期理学的社会化进程,对研究理学转型和实现宋元明清社会贯通性研究也有较大意义。

(三) 专精与博通的平衡

一直以来,文史学界对专精与博通有所议论。史学家严耕望指出:"治史既要专精,也要博通。只能博通,固必流于肤浅;过于专注精深,实亦难以精深,且易出大毛病,而不自知。"②《真德秀研究》实现了专精与博通的平衡。该著博通涉及两个层面:一是对研究对象的博通,从前两部分的分析中可以看出,以往真德秀研究以点为主,而《真德秀研究》则是一部整体性研究著作。它囊括了大部分真德秀相关著作,同时又做到了全而不散。真德秀的思想是一个体系,理学思想作为中心来指导真德秀进行政治、军事、文化实践,全书结构清晰明了,各篇章之间具备充足合理的内在联系。同时作为一部历史性著作,对政治、经济、宗教、社会、风习等多方面的问题都予以关怀。二是史学本身的博通,不仅对真德秀所处宋代有所把握,而且对其后元明清也有所了解和涉及。在扎实宽广的研究面上,也有一些研究重心偏向,第五章真德秀的施政主张与地方治理,是全书篇幅最大的一部分,作者用大量的笔墨书写真德秀将理学融合进地方社会管理中,合同道之力施行政治主张。对于一些研究者将"经世"与"事功"等同的理解予以纠正,强调士大夫的经世精神不应该用具体的朝政得失即所谓"事功"来简单衡量,而应该聚焦于整个社会层面考察历史意义。

学术视野是作者知识结构体系与胸襟情怀的综合体现,本书没有将真

---

① 邓小南:《祖宗之法:北宋前期政治述略》,生活·读书·新知三联书店,2006 年,第 12 页。
② 严耕望:《治史三书》,辽宁教育出版社,1998 年,第 266 页。

德秀的思想和著述视作封闭个体,而是对他进行整体性研究,对真德秀的著作进行了融通性研究,从政治、军事、社会治理、文学等多方面考察真德秀理学思想,展现作者广阔的学术视野。更难能可贵的是,作者在保持客观的批评前提下,对研究者秉持"理解之同情",将真德秀一些受到非议的政治抉择和观点置于具体的历史语境中考察,体现出作者开放的学术心态。

真德秀研究到今天虽然已经非常丰富了,但是依然存在许多细节需要后来者补充完善。研究必然经过一个由完善到不完善再到完善的过程,我们就是在这样的轨道上不断将研究推向前进。《真德秀研究》确实是一部在前人基础上,博与精兼而有之的优秀著作。

何忠礼先生访谈录

何忠礼　口述

徐　鸣　整理（杭州市社科院）

徐：何老师，您当年从杭州大学本科毕业后到考入研究生的这段时间里，有从事与历史相关的工作吗？后来又怎么去攻读研究生的呢？

何：1962年夏天，我从杭州大学历史系毕业，虽然怀有强烈的继续深造、攻读研究生的愿望，但是由于受到历史条件的限制，各个大学的历史系和相关科研单位都停止招收研究生，所以我也未能如愿，而是被分配到中学任教。我们全班37位毕业同学，只有5人分配去当中学老师，6人进入部队工作，其余全都分配到财贸系统，去基层单位做会计或营业员。我先在绍兴第二中学（稽山中学）任教，后来又调到杭州三中任教。

我任教的第一学年，讲授历史、政治两门课；从第二学年起，因为历史课被大幅度精简，就改教政治，讲的是《社会发展史》、毛主席的《矛盾论》《实践论》以及时事政治等。在十六年的中学教书生涯中，我几乎又有四分之一的时间用在带领学生上山下乡、学工学农、抢收抢种等无休止的劳动上。虽说不是没有一点收获，但是中国古代历史被说成是"封资修"的东西，不仅没有机会也绝不敢去接触它，考研的事当然就完全被置之度外。

1978年4月3日，我刚从外地学农回校，吃午饭时，从地上捡起一张已被踩踏得破烂不堪的《杭州日报》，见到上面登载了国家开招研究生的消息，并且将年龄放宽到40周岁，报名时间延期到4月5日，不禁欣喜若狂，急忙前往区教委报名，连准考证和体检表上的相片也都是暂欠的。当时报考杭州大学历史系宋史专业的研究生大约有23人，录取名额是5人。经过5月

12 日的初试和 7 月 13 日的复试,我幸运地被录取,成为陈乐素和徐规两位教授的学生。

入学后,才知道我是杭州大学在这一届所招百名研究生中年龄最大的一人。我深知读研机会实在非常难得,所以倍感珍惜,虽然我家离杭大不远,骑自行车用不了 20 分钟时间,可是我还是在学校住宿,从此便足不出门地看书,如饥似渴地吸收史学营养,尽情地徜徉在史学研究的海洋里。

徐:在您进入杭州大学宋史研究室学习后,专攻于宋代科举制度,是出于什么样的考虑?毕业后的去向和工作又是怎样?

何:不能说是专攻,自认为我的研究范围还一直比较宽广,政治的、经济的、军事的、思想文化的、人物的、典籍的都有所涉及,考证的、论述的都没有偏废。后来也都或多或少地出过一些成果。但是,因为我的硕士研究生毕业论文选择以"北宋科举制度的特点及其历史作用"为题,所以一开始就比较偏重于对科举制度的研究。我之所以选择这个论文题目,是因为在通读《续资治通鉴长编》中,深感宋代科举与我们以前对科举的认识很不一样,科举制度虽然具有历史局限性,却是中国古代选举制度中选拔官员的最好制度,对后来中外选举制度有着深远影响。今天有学者说它是中国的"第五大发明",确实有一定道理。

与此同时,根据导师的安排,我有重点地通读了《宋史》《续资治通鉴长编》《建炎以来系年要录》《三朝北盟会编》《宋会要稿辑》(部分)等典籍和有关文集、笔记,做了近千张卡片,积累了比较丰富的历史知识,在一定程度上填补了我以前对宋代历史知识的空白。

当时,硕士研究生的学制是 3 年,我在导师的指导下,提前半年完成了 6 万余字毕业论文的撰写。但徐规先生看了以后,认为太长,我遵嘱缩编成 4 万余字。后来,我们宋史专业的 5 位研究生,成为杭州大学"文化大革命"后首批答辩的毕业生,吸引了一批系外的师生前来傍听,研究生科的领导也来出席指导。当时主持论文答辩的主席是云南大学教授李埏先生,他对我的论文颇多赞赏,对我诺大的年龄还在孜孜不倦地读书也鼓励有加,最后我以优秀的成绩通过了答辩。

　　毕业后，我留在杭大历史系宋史研究室从事教学和科研工作，承担"中国古代史""宋史概论""中国古代选举制度史""中国古代史史料学"等的授课任务。任教不到两年，我在《历史研究》上发表了《科举制起源辨析——兼论进士科首创于唐》的论文，当时我连讲师的职称也没有，放在今天，恐怕难以想象。该文发表后，在中外史学界引起了较大反响，这算是我真正深耕于宋代科举制度的开始，此后我陆续在一些著名刊物上发表了与宋代科举制度相关的论文 20 余篇，出版了 3 部有关宋代科举制度的专著。这些都是我对宋代科举制度进行全面而系统研究后获得的成果。

　　徐：上世纪以来学界对宋朝的研究，带动了社会面对宋代的积极评价，然而南宋与北宋相比，其历史地位评价依然较低，您是如何看待这一现象的？

　　何：两宋时期，中国封建社会进入到了一个新的发展阶段，在政治、经济、思想文化上均达到了新的高度，这是从上世纪"唐宋变革"论、"宋元变革"论热潮以来学界所共识的。但是，对南宋社会的评价却不高，研究成果也较少，原因是多方面的。

　　首先是人们对两宋史的研究不平衡，即重北宋轻南宋。造成这种现象的原因，从主观上来说，认为南宋是北宋的继续，研究了北宋，多少也就了解了南宋；从客观上来说，北宋的史料因有南宋而得以受到较好保存，南宋特别是理宗朝以后的史料，却因其灭亡而遭到大量散失，这也多少增加了对南宋史研究的困难。

　　本世纪以来，南宋史方面的论文和著作都相继涌现，重北宋轻南宋的局面有了改变，在这方面，我们杭州市社会科学院南宋史研究中心是做出了一定贡献的。但就总体而言，对南宋史的研究仍有欠缺，对一些重要内容的研究仍有不足，特别是对南宋的历史地位尚缺乏正确认识。

　　其次，认为南宋作为一个偏安政权，国土狭小，军事力量很弱，屡战屡败，实在不值得称道。

　　再次,受到开国之君宋高宗杀害岳飞,签订屈辱的"绍兴和议"等声名之累,说南宋是一个黑暗、腐败的社会。

　　所以会出现这样的评价,我认为在古代是受义理史观的影响所至,在近代又受到泛政治化和一些小说、戏剧、传说故事的影响所至。

　　众所周知,南宋中期以后,理学家统治了史坛,取得了臧否历史和历史人物的话语权。他们的评价标准是义理史观,拥护理学者受到充分肯定,反对者或不唱赞歌者,受到否定。特别是宋高宗后期,对理学并不看好,一些士人在科举考试的殿试策中,大肆否定理学,对它进行了猛烈的批判,却被他以高第录取,所以理学家们对高宗很是不爽,只是碍于皇帝的权威,尚不敢明目张胆地对他进行反对,但对他所作出的历史贡献当然就搁置不论了。到了元朝,理学史官对高宗就毫不客气地进行了"揭露",只要看看《宋史·高宗纪》最后史臣所作的一段评论,就可窥见他们对高宗的态度。

　　实际上,宋高宗其人虽有很大的历史局限性,但他对创建南宋有功。正由于有南宋的存在,南方经济才获得了进一步的开发和繁荣;正因为有南宋的存在,自北宋开创的宋韵文化,才能在南方获得传承和发展。他的勤政和节俭,对农业和海外贸易的重视,对民生的关心,也都有值得肯定之处。

　　如果没有宋高宗创建的南宋,宋韵文化很可能早已不存,中国的经济和文化重心也不可能南移。如果没有南宋,经济上不可能产生海上"丝绸之路",思想上产生不了理学。如果没有南宋,也没有了以岳飞、陆游、辛弃疾、文天祥等人为代表具有强烈爱国主义精神和忧国忧民的思想的士大夫和将领。

　　此外,南宋在农业,丝织、陶瓷、造船、印刷等手工行业的发展水平均超过了唐代和北宋,"苏湖熟,天下足"的谚语就是在此时产生。南宋的绘画、书法、雕塑、音乐、舞蹈、戏曲、考古和金石学等方面,都有长足的进步。特别是在科学技术方面,如造船和航海技术,罗盘针的发明和应用,火枪、突火枪和火炮的发明,法医学的肇始,医院始分科诊治,精确程度不亚于公历的《统天历》的制订,高次方程的数值解法,积数求和的算法等,都足以彪炳史册。

可以说,南宋是中国历史上一颗晶莹璀璨的明珠。

　　徐：徐规先生对您影响最深的是什么？

　　何：徐规师待人宽厚,谦虚谨慎,淡泊名利,这在宋史界是众所周知的。他诲人不倦、甘为人梯的精神,更是让我印象深刻。徐规师知识渊博,治学严谨,十分注重文章质量,文章从初稿到完稿,都会反复修改,从文章标题、结构到内容,甚至每个标点,都一一核对。徐规师不要别人帮助他抄稿子,他说："修改一次有一次收获,修改百次有百次收获,抄稿子就是修改的过程。"后来,我将这种修改称为"磨",并继承了这种严谨的研究作风,并将此法传给了自己的研究生。

　　徐规师指导我们研究生的学习,可以说含辛茹苦、关怀备至,令人终生难忘。他指导我们做学问的方法：要勤于读书,勤于思考,做好史料的积累和考证工作。他还特别强调,引文要尽可能地用第一手史料和最好的版本,治学要做到博而约,研究范要宽广,不可一辈子都研究同一领域的问题。文章要精炼,尽量不说废话。

　　徐规师不仅要求我们把学问做好,更要求我们做人要正直,胸怀要宽广,不可追名逐利,切忌趋时曲笔,在学习和研究上要有"板凳甘做十年冷,文章不落一字空"的思想境界。这些都让我深受教益,获益匪浅,成为自己做人、做学问的座右铭,也成为我日后教育研究生的榜样和准则。

　　徐：作为宋史界资历深厚的前辈,您认为怎样才能搞好历史研究？

　　何：历史学作为先人留给我们的各种活动和见闻的记录,是我们中华民族的宝贵财富,它为我们提供了与人斗、与大自然斗,建设和谐社会的丰富经验和教训,作为封建帝王的唐太宗,也懂得"以古为镜,可以知兴替"的道理。历史事实证明,凡是不能吸取历史经验和教训的统治者,他的下场一定会十分可悲。在今天,重视历史特别是中国古代史,意义更是重大。那么,怎样才能做好历史研究呢,下面谈一点粗浅的看法,供年轻学者参考。

　　第一,要认真读书,特别是阅读与本专业有关的基本典籍,以积累起丰富的历史知识。对于历史研究来说,读史书是最重要的基本功。所谓历史研究,就是从历史记载中发现问题和解决问题的过程,是将有关历史人物、历史事件有机联系,融会贯通,从中找出关系和原因的过程。不认真读史,就很难作出有价值的研究成果。现在许多古籍都被制作成电子文本,许多学生因此以为找到了做学问的"捷径",企图以检索代替对本专业史书的系统学习,这种做法非常危险。因为以检索史料代替认真读书,就不能全面了解某一历史人物所处的社会环境,不能明白某一历史事件的前因后果,不能全面而深入地掌握人物与事件之间错综复杂的内在联系,以及相互间的因果关系,造成对历史知识的空洞化。这样就不利于对历史的深入研究,也不能发现问题和解决问题。以拙文《环绕宋高宗生母韦氏年龄的若干问题》为例,如果没有认真读过《建炎以来系年要录》和《靖康稗史》两部史书,并将它们的内容作出有机的联系,就不容易发现高宗生母韦氏在"靖康之变"被虏北去时的年龄有 38 岁和 48 岁两种不同的记载。就难以发现她后来下嫁金朝贵族的"宫廷秽闻",也就很难理解绍兴前期"禁私史"和柔福帝姬被杀等政治事件发生的原因。

第二,要重视史料建设。所谓史料建设,就是要尽可能多地积累史料,本国的、境外的、书籍的、实物的、考古的、传说的等等。虽然我并不同意"史学便是史料学"的说法,但对史料在历史研究中的重要性,却有着充分认识。历史学是一门求真、求实的科学,来不得半点想象和臆测,必须是"一分铜钱一分货,没有铜钱不出货",一切让史料说话。虽然,在史学研究中,理论也很重要,正确的理论对研究工作具有指导作用。但是,我相信论从史出的道理,不相信脱离实际的甚至违背史实的空洞理论。所以,我在读研究生时,一面读书,一面将重要的和有用的史料,分门别类地做成卡片。后来,有了多媒体可以利用,卡片做得少了,但专题性的卡片还是在做(记在一本本的小册子里)。实践证明,只有掌握了丰富的史料,研究起来才能得心应手。

第三,史料不仅要丰富,而且必须正确。对所用的史料要进行认真的鉴别,做到去粗取精,去伪存真。因史料来自形形色色的途径,有的是亲身经历的记录,有的是道听途说,有的是好事者缘饰之辞,有的则夹杂着个人和宗派的私利或成见,更有统治者的篡改和歪曲。即使记载亲身经历,也有"遗忘""偶误"和立场、观点等的不同。所以,史实虽然离不开史料,但史料并不完全等于史实。只有经过鉴定、证明是确凿可靠的史料,才真正可以称得上是史实。这就需要我们对考据、训诂、文字等国学知识至少要有所了解,要客观地对待史料,不以个人的观点和好恶为转移。

第四,要正确评价历史人物和历史事件。长期以来,人们对历史人物的评价,偏颇的并不少见,之所以会出现这种情况,原因有各种各样,如史料的阙失和舛误,取舍和解读史料的失误,受到民族情绪的支配,受政治氛围的影响等。除此之外,研究者的立场、观点也至关重要,这主要表现在以下两个方面。

一种是绝对化的倾向,也就是非白即黑,不是好人便是坏人的观点。实际上,由于人性复杂多变,有时言行并不完全一致,其中既有真相,也有假象,即使是真相,随着时间、地点、环境甚至年龄的变化,主观愿望和客观效果的不同,其表现也不尽相同。因此对历史人物采取"一言以蔽之"或以"晚节不忠,不足为训"的态度去评价,以个人爱好厚薄古人,对某个正面人物的优缺点有意讳饰或拔高,对某个反面人物则攻其一点,不及其余,这些都是绝对化倾向的表现。既然历史研究是一门十分严肃的科学,并非写小说、演义之类可比,那么在评价历史人物时,就必须严肃认真,坚持实事求是的态度,不持片面观点,不带个人成见,不搞影射史学,也不人云亦云,更不哗众取宠,而必须以事实为依据,采取有功言功,有过言过;功不抵过,过不掩功的态度。即使是你最喜欢或最讨厌的历史人物,也不能作出悼词式或判决书式的评价。

另一种是以义理史观评判历史人物。

所谓义理史观,就是以是否符合义理作为评判一个历史人物好坏的惟一标准,从而将复杂的历史过程简单化,丰富的人物活动定型化,只问个人道德,不顾客观原因;只看个人眼前作为,不看他对社会的长远影响。在义理史观的指导下,对同样一件事,发生在所谓"君子"与"小人"身上,就会对他们作出截然相反的评价。如张浚和韩侂胄两人,都领导过抗金战争,都以失败告终。但是因为张浚是南宋理学的重要人物、朱熹挚友张栻之父,所以史书仍然对他赞扬有加,只字不提他轻举妄动、志大才疏的缺点和错误;韩侂胄因为是反对理学、制造"庆元党禁"的首要人物,所以就被理学史臣打入了《奸臣传》,他所领导的抗金,也成了一大罪状。

对于历史事件,在评价时同样也存在着绝对化和义理史观的影响。如宋金签订"绍兴和议",有人只着眼于其中的条款——"称臣"、岁币和边界的划分,认为面对敌人的侵略,宁可站着死,不可跪着生,所以对南宋而言,"绍兴和议"完全是一个彻头彻尾、屈辱性的和议,应该完全加以否定。此话壮则壮矣,却是对国家和民族不负责任的态度。他们并没有深入考虑当时宋金双方力量对比的状况;也没有看到由于和议的签订,给宋金两国带来了哪些积极的东西;更没有认识到,从长远来看,只要南宋没有灭亡,还是存在着报仇雪耻的可能。如果没有了南宋,那才真的一切都完了。

第五,要正确对待国外史学家对中国历史的论述。国外史学家研究中国历史有其优势:一是他们的研究思路比较放得开,很少受到中国史学家容易产生的义理史观、狭隘民族观、正统观等影响,也不会受到政治斗争的干扰。如他们对宋朝历史的赞美和肯定,就比以前我们动辄称宋朝是一个积贫积弱的朝代来得全面一些。二是他们善于运用大数据进行统计和概括,制成图表,不仅使人对史事一目了然,而且容易从中找出规律性的东西来。他山之石,可以攻玉,这些都是值得我们学习的。但是,正因为他们是外国人,所以对中国的民族性和思想文化、风俗习惯(特别是礼仪)、思维方法等,都缺乏深层次的了解,所以看问题往往比较直观,容易就事论事,比喻也往往不够到位。例如,宋代州县如果发生"狱空",朝廷就会对州县官进行奖励。其原因一是为了感召"和气",二是一定程度上体现了政府的"民本"思想。可是有些外国学者竟然解释是"监牢中犯人太多"的缘故。再如所谓"精英",本是指出类拔萃的人才,可是外国学者也称地方豪强为"精英"。再如在科举制度中,有秀才、举人、进士之分。在明清,进士经过考试,成绩优秀者可以进入翰林院成为翰林。某些外国学者统统将这些功名说成为"学衔",从而将进士比作大学毕业生,翰林比作研究生等,显得不伦不类。

特别要指出的是,他们认为中国学者所指"封建社会"的名称有误,应该改为"帝制社会"。实际上,如范文澜、翦伯赞和郭沫若等中国学者,谁不知道夏、商、西周实行的是分土地、封侯国的封建制度,而周秦以后的社会已经不再实行这种制度了。他们所称封建社会中的"封建",只是一种借用而已,几乎每个人都心知肚明,并不会产生误解。可是中国某些学者,不作细究,立即跟进,也将中国的封建社会改变称为帝制社会。至于对"封建文化""封建思想""封建余孽""半封建半殖民地"等的"封建"二字,他们就无法改称,造成了不三不四的局面。外国学者还善创新名词(尽管中国早已有了确切的名词),国内一些年轻学者为表明自己的研究与"国际接轨",也盲目跟风引用,这也不够严肃。有学者指出:在国外"先进"理论横行天下,国内学术趋之若鹜的今天,我们搞社会科学的人对此尤其需要慎重和警惕。

第六,文稿要反复修改,引文要认真核对。史学与文学不同,它不能夸张,不能缩小,不能以偏概全,不能想当然,也不能任意褒贬,因此撰写论著不能"史"兴大发,一蹴而就,而需要小心谨慎,一丝不苟。根据我的经验和教训,对文稿一定要反复修改,从题目、结构到引文,从内容、文字到标点,力求正确无误,不留隐患。不留遗憾。这种修改,从大的方面来说,可能有观点上的变化,段落上的变动;从小的方面来说,有用字(词)遣句是否正确,同一段的文字是否多有重复。同时,要尽可能将文字修改得流畅明了,不可写得半文不白,煮"夹生饭"。每次修改时的思考角度会不一样,所以容易发现问题。徐规师不要别人帮助他抄稿子,他说:"修改一次有一次收获,修改百次有百次收获,抄稿子就是修改的过程。"后来,我将这种修改称为"磨",经常告诉学生:写完文稿,不要急着去投稿,一定要反复地"磨","磨"到自己觉得满意为止,这样可以保证质量。说实在话,我的所有论著,都是靠这样"磨"出来的。对于这一点,我在前面已以说过了,这里再强调一次。

第七,如果是研究性的论著,不能仅仅只是史料的堆砌,就是人们常说的"做旧史料的搬运工"。而首先必须对有关史料作认真考证,以定取舍,然后通过这些经过考证的史料,尽可能地写出自己的观点和看法,以供他人参考。仁者见仁,智者见智,这样才能真正推动历史研究的发展。

第八,史学研究要做到既博又约,不要一辈子都研究同一个领域,甚至同一个课题。这一点,我在前面也提到了,这里再强调一次。我几十年来的研究工作不论做得好坏,总是尽可能地向着既博且约的方向进行努力。

说了上面这些看法,不能说自己已经做得很好了,只是数十年来对历史研究的一种体会和认识而已。对于这些体会和认识,我仍在继续努力中,力求自己做到活到老,学到老。